LOCUS

LOCUS

LOCUS

LOCUS

touch

對於變化，我們需要的不是觀察。而是接觸。

touch

NET & TEN

NET倒過來就是TEN。網路世紀有10個規則

New Rules for the New Economy

10 Radical Strategies for a Connected World

Wired雜誌主編 Kevin Kelly

a *touch* book
Locus Publishing Company
P.O.Box 16-28, Hsin Tien, Taipei County, Taiwan
2-3 Alley 20, Lane 142, Sec. 6, Roosevelt Road, Taipei, Taiwan
ISBN 957-8468-87-3 Chinese Language Edition

New Rules for the New Economy

Published by Locus Publishing Company
(through arrangemnet with Brockman, Inc.)

July 1999, First Edition

Printed in Taiwan

NET & TEN

作者：凱文・凱利（Kevin Kelly） 譯者：趙學信
責任編輯：陳小英 美術編輯：何萍萍
法律顧問：全理法律事務所董安丹律師
出版者：大塊文化出版股份有限公司
台北市105南京東路4段25號11樓 **讀者服務專線：080-006689**
TEL ：(02) 87123898 FAX ：(02) 87123897
郵撥帳號：18955675 戶名：大塊文化出版股份有限公司
e-mail: locus @ locus.com.tw
行政院新聞局局版北市字業字第706號

總經銷：北城圖書有限公司 地址：台北縣三重市大智路139號
TEL: (02)29818089（代表號） FAX: (02)29883028 29813049

排版：天翼電腦排版有限公司 製版：源耕印刷事業有限公司
初版一刷：1999年7月 定價：新台幣280元
初版 9 刷：2000年 9 月

目錄

First Word

傾聽科技

從40年前的故事談起

1950年代，通用汽車是工業進步的完美典範。

它不只是全球最富有的公司，也代表企業的未來。

趨勢專家瞻望40年後的企業，通用就是代表。

然而，當未來眞的來臨時，通用卻是反例。

今天，趨勢專家改向微軟致敬。

微軟是全球市值最高的公司。微軟的股價反映了新的生產力。

所以，大家向前瞻望，說：40年後成功的公司都像微軟。

然而，從歷史軌跡來看，這是個壞賭注。

機器之火，正在改變世界，沒有人能逃脫。曾經只是在文化邊陲推進的科技，現在不但吞噬我們的生活，也吞噬我們的心智。我們還需訝異於科技何以如此令我們著迷、恐懼和憤怒嗎？

一個接著一個，我們在生活中所關切的每件事物都被科學碰觸，然後被改變。人類的表達、思想、通訊，乃至生命，都已被高科技滲透。隨著每個領域一一被複雜的科技佔領，日常秩序被顚覆，新的規則建立。強者崩潰，曾經深具自信的如今絕望地尋求指引，行動敏捷的則搶得致勝先機。

然而當快速推進的科技革命盤據了最近的頭版標題，在它之下有些更爲龐大的東西正逐漸出現。穩定推動著新穎的科技工具和器材快速盤旋的，是正在崛起的新經濟秩序。我們的工具正在重塑財富的地形、地貌。我們已活在由縮小中的電腦及擴張中的通訊所建立的新經濟中。

這個新經濟代表了我們社會的板塊移動，它所造成的重整遠比數位硬體所產生的還要劇烈。新經濟秩序有它自己獨特的機會與陷阱。如果過去的經濟轉型可資借鏡，那些照新規則來玩的將會蓬勃發展，忽略它的則否。我們看到的還只是開端，隨著我們的世界移向一個新的、高度技術性的全球經濟，更多人將會體驗到巨變下的憂慮、失落、與奮及收穫。

這個新經濟有三項明確的特徵：它是全球性的；它偏向無形的事物——理念、資訊和關係；而且它的一切組成因素緊密地交互連結。這三項屬性產生了新型的、根植於無所不在的電子網路的市場和社會。

網路已經存在於每一種經濟之中。不同於以往的是，經由科技的強化與加乘，網路已深深地穿透我們的生活，使得「網路」這個概念成爲我們思惟與經濟所圍繞的核心。除非我們理解網路的獨特邏輯，否則我們無法從目前正在轉變中的經濟獲益。

本書將闡明這個新興經濟秩序的十項基本動力。這些動力規則是深嵌入這個新領域的基本原則，它們並不僅限於高科技產業而已，而且同樣適用於所有工商業。請將本書勾勒的原則當成普遍適用的經驗法則。

就和其他經驗法則一樣，這些規則並非永遠正確。相反地，它們的作用類似指引出大方向的燈塔，是用來闡明將會持續在二十一世紀前五十年發揮重大作用的深刻力量。我嘗試以這十條規則來捕捉形塑新經濟環境的底層原則，而不是追趕眼前的短期商業趨勢。

本書的關鍵假定是這些主宰了軟體世界——那個無形的、媒體的、電腦軟體的，以及服務業的世界——的原則，很快將會掌控硬體的世界——那個現實的、原子的、實體的、鋼鐵和石油的，以及揮汗建造的世界。鋼鐵和木材將依循軟體的原則，汽車將依循網路的規則，煙囪將遵照知識的命令。若你要構想你所從事的產業未來將會如何，請想像它是一個完全圍繞著軟體建造的世界，即使當前它仍根植於硬體。

當然，如果沒有驅動眞正的能量，全世界所有的滑鼠動作加起來也推動不了眞實世界裡的原子，因此軟體對硬體的滲透仍有其極限。然而各處的跡象均顯示，硬體世界已經無可逆轉地開始「軟化」，所以只要搭乘這股變遷潮流，就能佔得巨幅的優勢。若要維持領先地位，最重要的是瞭解軟體世界的運作原則——網路如何蓬勃成長，介面如何掌控注意力，普及性如何提升價值——然後再將這些原則套用到目前的硬體世界。

無形企業的訣竅也將成爲你的訣竅。

新經濟處理的是虛渺之物，如資訊、關係、著作權、娛樂、證券及期貨。美國的經濟已經在虛體化（demassify），逐漸朝向這些無形物邁進。僅僅六年內，依相同金額的貨品總量來計算，美國最主要的出口品已經減少了一半的實際重量。電腦、娛樂和通訊所組成的不具形體的世界，如今已經超過營建、食品或汽車等任一傳統的主力產業。這個新起的資訊部門目前佔美國經濟總值的十五%。

然而數值位元、股票選擇權、著作權及品牌並沒有可資測度的經濟形體。甚麼是軟體的單位：磁片張數？程式碼長度？程式數目？功能數目？這令經濟學家困惑不已。前花旗集團董事長華爾特・瑞斯頓（Walter Wriston）喜歡抱怨，聯邦經濟學者可以精確地告訴我們每年受雇的牛仔有多少人是左撇子，卻不知道目前全國使用多少軟體。當我們駛往新領域時，經濟儀表板上的指針開始亂轉、閃爍和發出怪聲。或許是儀表故障，但更可能是整個世界已經頭下腳上地倒轉過來。

記得通用汽車（General Motors）嗎？在一九五〇年代，財經記者都對通用汽車百般迷戀。通用是工業進步的完美典範。它不只打造汽車，更打造了美國。通用是全球最富有的公司。對許多明智的觀察者而言，通用代表了整體工商業的未來。它很龐大，而公司正是愈大愈好。它環境安定並且善待員工，提供終身雇用制度。它緊緊控制著整個龐大帝國內部的所有單位，以確保品質及高盈餘。通用就是最好，因此當趨勢專家瞻望四十年後的發展時，他們想像的成功企業都像通用一樣。

諷刺的是，當未來真的降臨時，通用卻是反例。今天，如果你的公司像通用，那它麻煩大了。相反地，現在趨勢專家改指向微軟（Microsoft）。微軟是當前的楷模。它是全球市值最高的公司。它的產品是無形的。它創造標準，左右了標準的發展方向。它的股票天價反映了新的生產力。所以我們向前瞻望，然後說：四十年後所有公司都會像微軟一樣。

從歷史軌跡來看，這是個壞賭注。我們該學到的明顯教訓是，我們總是依照目前的流行來預估未來。現在獲利最豐的是軟體業和娛樂業，所以我們把它們當成楷模。加州大學柏克萊校區的經濟學者布萊德·狄龍（Brad DeLong）有一個很好用的經濟史理論。他認爲不同的產業就像電影明星一樣晉昇及退出經濟舞台。美國經濟的歷史可以視爲一連串「英雄」產業的演出；這些英雄原先毫不起眼，然後施展某些奇蹟，英勇地「拯救」了經濟，因而好一陣子被視爲經濟明星。一九〇〇年代的英雄是汽車工業：出現難以置信的創新、難以置信的生產力，以及許多、許多新崛起的汽車業暴發戶。那是一個狂野而令人興奮的時刻。但接著英雄魅力消逝，汽車工業變得龐大、臃腫而乏味，只是仍有龐大利潤。就狄龍來看，最近的英勇救星是資訊、通訊及娛樂複合體。軟體及通訊領域的商業目前正勇往直前：他們從帽子裡變出了成功，累積永無止境的創新，並且製造經濟奇蹟。電腦萬歲！①

狄龍對英雄產業的觀點有許多不難理解之處。目前的英雄固然是微軟，但這不意謂所有的公司都會跟進，把智慧財產拷貝到磁片上，然後坐收九十%的獲利率。無疑地，將來仍然會有許多、許多公司完全不像微軟。在這世界上，總得要有人修馬桶，有人蓋房子，有人開著卡車爲我們送牛奶。

由我擔任執行編輯的《連線》雜誌（*Wired*），雖然是數位革命的喉舌，也無法達到無形化公司的理想。《連線》座落於舊市區的中心，一年用掉八百萬磅（等於四十八節火車車廂）的乾樹漿、三十三萬磅的彩色油墨來印製雜誌。這可是不少原子。

所以我們怎能宣稱全世界的商業都將因晶片、光纖及頻譜上的進展而改變？是甚麼讓這一項科技進展顯得如此特別？此刻的商業英雄憑甚麼遠較它的前輩來得重要？

因爲通訊不只是經濟的一個部門，通訊即是經濟，而數位科技及媒體說到底就是爲了通訊。

電腦不是經濟的前鋒。電腦已經過時了。作爲獨立機器的電腦所能產生的結果，大多已經發生。它們加速了我們的生活步調，它們在處理文字、數字及螢幕光點上非常卓越，但除此之外並無多大效用。

新經濟乃是關乎「通訊」，滲透層面很深而擴散範圍又很廣的通訊。本書所指出的所有轉變，均源自通訊基礎的革命性變革。通訊是社會、文化、人文、我們的身分認同以及所有經濟系統的基礎。網路所以如此重要即在於是。通訊如此接近文化與社會本身，使得它科技化的效應遠超乎它作爲一個產業部門的規模。通訊及其同伴——電腦——是經濟史的特例。並不僅因爲它是當前流行的產業部門，而是因爲它對文化、科技與觀念的衝擊，迴盪在我們生活的根部。

某些科技（譬如積體電路）激發其他科技的靈感與創新；這些觸媒稱爲「前導的科技」。偶爾某個經濟部門將它的力量擴散、延伸出去，加速其他部門的進展。這個部門就可以視爲「前導的部門」。電腦晶片及通訊網路已經構成了一個改變所有其他部門的經濟部門。

相較之下，社會上直接受雇於財經業的人僅佔極小比例。然而自從威尼斯銀行家的時代開始，財經上的創新如抵押貸款、保險、創業基金、股票、支票、信用卡、共同基金等，完全重塑了我們的經濟。它們已經帶動了企業、市場資本主義、工業時代等的興起。不像許多先前的英雄工業（如電力工業或化學工業），這個小小的部門影響了所有商業的經營方式，以及我們的生活結構。

如同財經方面的發明所會帶來的鉅大影響，網路發明的影響也將會相同，甚至更爲鉅大。

地球花了數十億年才演化出單細胞生物，然後又花了十億年單細胞生物才演化成多細胞結構——每個細胞碰觸一些在它附近的細胞，形成具生命的球面狀有機體。起初，因爲細胞必須彼此靠近，才能協調它們的功能，所以球面狀是多細胞生物唯一可能的形式。經過另一個十億年後，生物終於演化出第一個神經元（一束纖細的組織），讓相距遙遠的細胞能夠彼此通訊。藉由這項前導的創新，各種生物蓬勃發展。有了神經元，生物不必再侷限於球面形狀。細胞幾乎可以排列出任何形狀、大小和機能。蝴蝶、蘭花和袋鼠都成爲可能。生物迅速地以百萬種無可預期的方式演化，發展出不可思議的種類，直至處處充滿神奇的生命。

連接高頻線路的矽晶片是我們今日文化的神經元。直到此刻，我們的經濟仍處在多細胞階段。我們的工業時代需要每個客戶或公司實質上彼此接洽。我們的企業和組織類似球面體。現在，藉由矽與光纖神經元這項前導的發明，百萬種新形式成爲可能。轉瞬之間，無限多種新形態與新規模的社會組織突然成爲可能。不曾想像的商業形態如今可以在新經濟之中互相結合。我們正要目睹新組織的爆炸性發展，這些建立於關係與科技之上的實體，在多樣性上將不遜於地球上的早期生命形式。

在未來，極少公司看來會像微軟，甚至極少會像《連線》。連古老的產業形態也會改變。農產、貨運、水電等傳統行業仍會存在，就像現在仍有單細胞生物一樣。但農夫的經濟與朋友間的經濟，也會以各自的方式來依循網路的邏輯，一如今天的微軟。

這樣的發展，我們已經可以看出跡象。曾經是農業經濟英雄的美國農民，如今坐在曳引機裡的活動辦公室。裡面有空調、電話、衛星導引的全球定位系統裝置，還有接近地面的精密感應器。在家裡，他的電腦連上源源不斷流入的氣象資料、全球穀物市場、銀行、土壤的濕度偵測器、數位化地圖，還有他自己的現金流量表。是的，他的指甲下積著泥土，但他的人力勞動是在網路經濟的脈絡下進行的。

貨車司機的情形也相當類似。雖然坐在駕駛盤之後的感覺仍然不變，新的貨運工具——條碼、無線電、派貨調度系統、路線網，乃至道路本身——全都遵循網路的邏輯。於是，司機裝運和卸載重物時所流的汗水，也結合進網路經濟裡。

我們的經濟是各種不同形態的貿易、商業及社會交換的混合。新的經濟機能從舊機能的運作中發展出來。以物易物，這種最早期的商業形式，並未完全消失。以物易物的經濟經過農業時代、工業時代，一直延續至今。其實大多數在全球資訊網（World Wide Web）上發生的行爲都是以物易物。甚至今後多年的經濟，相當大的部份將仍在工業層級爲之——機器生產商品並且移動原料。舊經濟仍會在新經濟厚厚的皮質中持續運作，並且仍能獲利。

然而工業時代的慣性仍會繼續將我們催眠。從一九九〇年至一九九六年，製造有形物品（放手後可以砸痛脚趾的東西）的勞動人口降低了一%；提供「服務」（無形物）的勞動人口則增加了十五%。目前僅有十八%的美國勞工是從事製造業。但在這十八%裡，有四分之三雖然受雇於製造業，實際執行的卻是網路經濟的工作。他們推送的不是原子，而是位元：會計、研究、設計、行銷、業務、律師，以及所有其他坐辦公桌的人。僅有極小百分比的勞動力仍從事工業時代的工作，然而我們的政治、我們的媒體、我們的預算、我們的教育仍做著必須增加製造業工作的大夢。在一個世代、頂多兩個世代之內，老老實實做著製造業工作的人數將不會超過農夫的數目——僅佔幾個百分點而已。網路經濟遠遠超乎我們想像地牽動著每一個人。

當晶片、光纖與無線電波的世界向前邁進時，整個世界也隨後跟進。

面對歷史，這個大膽的斷言或許有些天眞。但人類歷史上，偶爾確實有某些鉅大、嶄新的事物發生。那些從事家庭手工的反科技者（Luddites）②必定曾有類似的體會；他們感受到工業時代不只是新式紡輪，而且預示了深層的、系統化的、徹底改變生活每一層面的衝擊。他們認爲機器終將改變一些古老且神聖的行爲，譬如播種、收成、豢養牲畜的行爲，以及社區結構。他們有這樣的感受，難道是天眞？

現代電腦晶片的發明者之一，卡佛・米德（Carver Mead）建議我們：「傾聽科技。找出它告訴你甚麼。」③遵照此一教誨，我藉由詢問下列問題來彙整出本書所提出的這些經驗法則：工具如何塑造我們的命運？我們的新科技指出未來我們的經濟將是何種經濟？

鋼錠及石油之河、煙囪及生產線，乃至微小的種籽及嚼草的乳牛，這些都將溶入智慧晶片及快速頻寬的世界，而且遲早它們都得像其他事物一樣，完全依循新經濟的新規則。我傾聽科技，盡我所能辨認出十個不斷反覆的樂段。這些樂段將在以下十章首度演出。

註釋

①見狄龍的文章"Old Ideas for the New Economy"，發表於*Rewired*網站：www.rewired.com。

②譯註：Luddite原先是指英國於一八一一年至一八一六年間，搗毀工廠機器（特別是紡織機）的工人，後來被用來指稱愚蠢、幼稚，一味反對科技進步的人。但這個單字本身即帶有濃厚的偏見。就像許多學者指出的，這些「暴民」是在資方以機器取代人力、剋扣薪資、奴役童工，經濟面臨通貨膨脹，政府廢除保障技術工人的法律等重重因素下，絕望地起而暴動。而英國政府也殘酷地大舉鎮壓暴動，將首謀者處死。

③譯註：轉引自吉爾德（George Gilder）的"Into the Fibersphere"，網址是http://www.seas.upenn.edu/~gaj1/fiber.html。

規則 1

一群蜜蜂比一隻螞蟻重要

兩千萬台電腦和兩千萬支鐵鎚的差異

同時揮舞的兩千萬支鐵鎚，仍然只是兩千萬支鐵鎚。

結合成網路的兩千萬台電腦，則遠大於兩千萬台獨立的電腦。

數百年來，我們一直耽溺於由上往下的管制方式。

但新經濟最令人興奮的，

是最低度監管、最高度連接性、基於同儕關係而形成的網路。

我們還不知道分權式結構的極限在哪裡。

但我們知道：

電腦可以是一群蜜蜂的力量，

也可以只是一隻螞蟻的力量。

「原子」是二十世紀的偶像。原子獨自迴轉，它是個體性的象徵。但原子已成過去。下一世紀的象徵是「網路」。網路沒有中心，沒有軌道，沒有確定性。它是一個輪廓模糊的因果之網，一個涵括一切的基本模型，代表了所有迴路，所有智能，所有相依性，所有與經濟、社會和生態相關的事物，所有通訊，所有民主政體，所有家庭，所有龐大系統，幾乎所有我們覺得有意義和重要的事物。原子代表簡潔的單純，網路則傳輸混濁的複雜。

網路是我們的未來。

在人類目前所致力的所有工作裡，最壯觀的一項或許是將我們的生活、心智與人造物編織成一個全球規模的網路。這項偉大的任務已經持續進行了數十年，但到最近我們連線的能力開始加快。兩項嶄新的科技成就——矽晶片和光纖——以難以置信的速度相撞擊。就像核能粒子在迴旋加速器裡碰撞在一起，這兩項創新科技的交錯也釋放出前所未見的力量：廣袤網路的力量。這片巨大的網路宛如黑壓壓、鬧哄哄的一大群蜜蜂，正要覆滿整個地球表面。我們正以一個網路社會來包被全球。

我們社會的動力（特別是新經濟），將會逐漸遵守網路的邏輯。理解網路如何運作，將成爲理解經濟如何運作的關鍵。

任何網路都有兩項成分：節點和連線。在我們目前構築的這個巨型網路，節點的尺寸正在縮減，而連線的質與量均呈爆炸性的擴展。這兩個實體領域——矽晶收縮中的微宇宙（microcosm）與連接線路爆炸中的電傳宇宙（telecosm）——形成了可供理念的新經濟在其間流通的巨大網路。

在今天，單獨一個電晶體小到只能透過顯微鏡看到；數年之後，顯微鏡能看到的是由電晶體組成的整顆晶片。當矽晶片的尺寸縮小到顯微鏡等級，它們的成本也同樣減至極小。一九五〇年時，一個電晶體值五美元，今天則僅值百分之一美分。二〇〇三年時，一個電晶體的價值將低至不到一億分之一美分。由十億個電晶體所組成的晶片也將僅值數毛錢而已。

這意謂晶片將愈趨便宜，而且微小到可以放進我們所造的任何物體。到最後，每個罐頭拉環、每個電燈開關裡都會有晶片。每本書的書背都會嵌入晶片。每件襯衫至少會在布邊縫進一顆晶片。雜貨架上的每件日用品都會黏貼或嵌上一顆晶片鈕。每年全世界製造出十兆件物品，終究有一天每件物品都會附有某種晶片。

這既不瘋狂，也不遙遠。十年前，將一幢建築的每個門都嵌上電腦晶片的想法看似荒謬，但如今在美國，你很難找到哪家旅館的門鎖上沒有一顆閃爍、發出嗶聲的晶片。這些微晶片將便宜到可以用後即丟。那種叫做智慧卡的薄塑膠片，上面嵌著聰明到可以替你處理銀行戶頭的廉價晶片。如果「國家半導體」（National Semiconductor）公司的計畫能實現，很快地每件聯邦快遞（FedEx）的包裹都會貼上一片可拋式晶片，以追蹤包裹的遞送過程。而既然連時效短暫的包裹紙箱都有晶片，同理，你的椅子、每袋糖果、新外套、棒球也可以有。很快地，所有產品，從球鞋、鑽孔機、燈罩到汽水罐，都可以包含一小片內嵌的思想。

爲何不？

全世界目前有兩億台電腦。英特爾（Intel）的安迪・葛洛夫（Andy Grove）很高興地預估二〇〇二年時將有五億台電腦。而今天，每當一片昂貴的處理器放進電腦的灰盒子裡，同時就有三十片便宜的晶片放進日常用品裡。全世界目前使用的非電腦晶片已有六十億顆——和全球的人口一樣多。

你的汽車、音響、電鍋和電話已經內嵌了非電腦晶片。這些是沒甚麼雄心壯心的「笨晶片」(dumb chips)。汽車剎車裝置上的晶片不必做浮點運算、試算表或影像處理；它只管剎車，穩得像拳師狗那樣就行了。

因爲它們的功能有限，而且能大量製造，這些笨晶片的成本超低。根據產業觀察家的計算，一顆內嵌處理器晶片的製造成本，比軸承裡的一粒滾珠還低。因爲壓製這些晶片，就像壓糖果一樣快速和便宜，所以業界把它們稱爲「軟糖粒」(jelly beans)。又笨又便宜的軟糖晶片侵襲全球的速度遠比個人電腦還快。

這一點兒也不意外。你同時只能使用一、兩台電腦，但生活中其他物品的數目則幾乎毫無限制。我們首先將笨晶片放進高科技用品，然後放進所有工具，最後放進所有物體。如果目前的速率不變，二〇〇五年時，將有一百億顆晶片微粒嵌入我們的環境。

在我們所造的每件物品裡放進一點點智力，乍看之下我

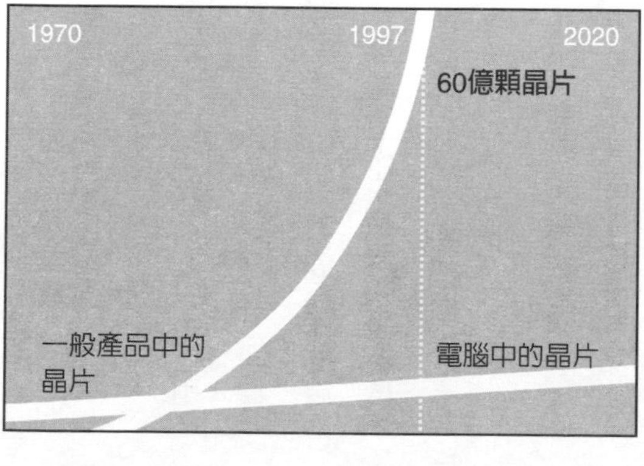

晶片的功能已經從運算移往連接。當電腦晶片的數量增加時，非電腦產品的晶片數量增加得更快。

們有的只是十億個低智商的人造物。但同時，我們也將這十億個節點一一連接起來。

我們正將所有物體彼此連接起來。

當我們將大量功能有限的物體連接起來，神秘的現象於焉發生。如果我們將商店中每台收銀機裡的笨晶片連成一個群體，我們就有了一些並不愚蠢的東西。我們有了可據以管理庫存的即時銷售模式。如果我們讓控制汽車引擎管路的笨晶片，將引擎效能的資料傳送給車廠技工，這些笨晶片可以聰明地省去不少昂貴的道路救援工作。（朋馳汽車最近宣佈準備在它們的頂級車款裡嵌入網路伺服器，如此可讓技工從遠端偵知維修問題。）一旦連接成群體，一點點的智力也可以變聰明。

如果讓任何物體可以傳出小量資訊，並從它的鄰居接收資訊，我們便將死氣沈沈的物體變成了活潑的節點。

每個連線的物體並不一定得傳送許多資料。在澳洲的某個牧場，黏在水塔內部的微小晶片只需傳遞長僅兩位元的簡短訊息，說明水箱是「滿」或「未滿」。同一牧場內，貼在牛隻耳朵上的晶片只需以全球定位系統（GPS）號碼送出牛隻的位置；僅此而已。

它告訴牧場主人的電腦日誌檔：「我在這兒，我在這兒」，僅此而已。牧場聯外道路大門的晶片只需送出阿拉伯數字2，代表它上次是何時開啓的：「星期二」。

傳遞這些愚笨的位元並不需要精密的基礎設施。固定不動的物體（建築物的構件、工業廠房裡的龐大機具、牆上的攝影機）可以用纜線連接起來。其餘可動的（換句話說，大多數工業製品）則以紅外線或無線電連接，形成遠大於有線網路的無線網路。這些無線網路使用的電波其實與開啓車庫電動門及遙控電視的差不了多少，只不過訊息流量增加了數百萬倍，便構成無窮的力量。

這些小東西的偉大之處在於，個別來看，它們並不需要非常精密。它們不需要語音辨識、人工智慧或奇妙的專家系統。網路經濟所倚賴的，並不是這些個別的小東西，而是這些小東西的愚蠢功能連結起來，構成一個龐大群體。

我們的大腦將愚笨的神經元聚攏成意識，因而開發出這些笨神經元的神奇功能。個人電腦固然笨，但網際網路所倚賴的卻正是它們的笨功能。單獨一部個人電腦就像是封在塑膠盒裡的一個神經元。當它被電傳宇宙連接成神經網路後，這些笨電腦節點創造出一個叫做全球資訊網的神奇智力。

一次又一次地，我們看到同樣的動力在其他領域運作，譬如：我們身上的笨細胞組合起來，形成一個聰明得難以置信的免疫系統，精密到我們至今仍無法完全理解。

愚笨的零件，只要適當地連接成群體，便可產生聰明的結果。

把一兆個笨晶片連接而成的集體心智當作硬體，在其中執行的軟體即是網路經濟。地球上滿布著連接成網的晶片，它們以一波波的資料覆遍全球。數百萬個濕度偵測器從農田送出數據，數百個氣象衛星傳下數位影像，成千台收銀機吐出資料流，醫院裡無數的床邊監視器涓滴傳送訊號，數百萬個網站匯集人們的注意力，千萬部交通工具傳輸它們的位置代碼——所有這一切都被捲進一重綿密的網。這些訊號構成的複雜組織即是網路。

這個網路並不只是人們彼此透過美國線上（America Online，縮寫作AOL）的系統來交談，儘管這也是其中一部分，而且只要人們繼續以挑逗與謾罵爲樂，它仍一直會是。眞正的網路並不僅止於此，它是一兆個生物與物體，經由空中及光纖的集體互動的總和。

這是孕育網路經濟的網路。根據長途電話公司MCI的預測，全球電話系統上的資料流量，很快將超越語音流量。目前語音流量的總數是資料的一千倍，但三年之內，資料的比重將會大於語音。市場研究公司 ElectronicCast 則估計，二〇〇五年時，資料流量

（機器之間的交談）將是語音流量的十倍。這表示在二〇〇一年時，大多數繞著地球跑的訊號都將是機器之間的對話——檔案傳輸、資料串流等。網路經濟已經開始擴張，以容納新的參與者加入：代理者軟體（agent）、自動程式（bot）、各類物體、伺服器，以及數十億新加入的使用者。我們並不等候人工智慧造出智慧系統，我們將使用普及各處的運算能力及連線所構成的群體力量來建造。

通往智慧的最穩當的路，是經由巨量的愚笨。

而最能確保這個世界普遍連線的方法，是充分運用「去中心化」的力量——將分散的底層分子連結起來。如何造一座更好的橋？讓組件彼此交談。如何改良蔬菜栽培？讓土壤和農夫的曳引機交談。如何讓航空更安全？讓飛機彼此通訊並選擇自己的航路。這種稱爲「自由飛航」（free flight）的分散管理方式，正是美國聯邦航空總署目前嘗試設置，以增加安全、舒緩空中交通瓶頸的系統。

以往超級電腦也無法應付的數學問題，現在可以由一大群普通的個人電腦來解開。非常複雜的問題可以分割成許多小單位，透過網路分散出去。同理，任何單一研究機構難以負荷的龐大研究計畫，也可以分散到一個專門的網路。「生命之樹」（Tree of Life）

是地球上所有生物的一個分類目錄，它的編纂和管理都是在全球資訊網上①。這類計畫已經超出單一個人或團體的能力，但一個分散的網路可以產生所需的智能。每個領域的專家提供他們自己的資料（如關於雀鳥、蕨類或水母的資料）來填補某些空白。誠如市場策略顧問公司多布林集團（Doblin Group）的總裁拉瑞・基利（Larry Keely）所云：「沒有任何一個人的才智抵得過衆人的才智。」②

任何程序，即使是最笨重的、最實質的製程，如以下所舉混凝土的運送，都可藉由下而上的群體思惟來解決。在鄉村型的墨西哥北部，其實經濟的數位化程度並不高。在那兒，墨西哥水泥公司（Cementos Mexicanos）的預拌混凝土事業徹底擊潰了它的對手，因而引起全世界的興趣。以前，將混凝土拌好、準時送到建築工地，這在瓜達拉哈拉（Guadalajara）地區簡直近乎奇蹟。交通延誤、路況不良、承諾會準備妥當的承包商食言，這些因素加起來使得準時遞送的比率低於三十五％。爲了因應這種情況，水泥公司嘗試執行嚴格的預約制度，但如此一來，一旦出了岔錯（而出錯是必然的），事情只會變得更糟（「抱歉，您的訂單最快只能重排到下週之後」）。

墨西哥水泥承諾，他們遞送混凝土的速度會比送披薩餅還快。水泥業因而一舉改觀。藉由廣泛的網路技術——每台預拌車發出的全球衛星系統即時定位訊號、傳遍全公司的大量電傳通訊、提供給駕駛及派貨員的完整資訊，再加上行動授權——他們承諾倘若交貨時間延誤十分鐘以上，貨款可以打八折。

由於身處於一個混沌的環境，墨西哥水泥並不試圖僵硬地預先排定所有行程，而讓駕駛各自、即時地安排他們的行程。這些駕駛形成一群在市區交錯遊走的車隊。若是有客戶來電訂購十二立方碼的混凝土，當時距離最近的預拌車便會負責運送。發貨員負責確認客戶的信用能力並防止遺漏出貨，現場人員則具有立即排定行程所需的資訊及授權。其結果，準時遞送率高達九十八％，而且水泥乾硬的浪費情形減少，客戶滿意度也大為提高。

通用汽車位於印第安那州維恩堡（Fort Wayne）的噴漆工廠也已採用同樣的思惟。現在的購車者在選購新車時享受的各式色彩選擇，其實是噴漆生產線的大災難。當一輛輛的汽車都噴成黑色時，事情容易得很。但如果前一輛汽車是紅色，而接下來的是白色，噴漆設備在準備新顏料之前，必須先洗掉舊的，這會把噴漆過程拖慢下來。（清洗程序也會浪費掉噴漆設備中剩餘的顏料。）為何不把所有白色汽車的訂單匯集起來，一次做完？因為匯集的作法會拖慢生產線。客戶下單後，車子必須立即組裝完成，而且愈快愈好。解決的對策是擁抱群體力量。

於是，他們將每個噴漆機器人（基本上是一個低智商的噴漆機械臂）設定成會相互爭取工作。假如某個機器人目前漆的是紅色，當有一輛要噴成紅色的車子從裝配線下來時，它會說：「讓我來做。」將車子叫到它的噴漆台。機器人排訂它們自己的工作時程。它們有非常小的腦子，連接到伺服器。噴漆行程是由許多小腦子連結而成的群體來排定，並沒有一個位於中樞的大腦來協調。其結果，通用汽車每年省下了一百五十萬美金。設備耗用的顏料更少（因爲各車之間的清洗程序減少了），而且生產速度也加快了。

鐵路現在也使用群體科技。當交通變得非常複雜，而且時間週期縮短後，中央式的交通控制變得毫不可行。日本人使用由下往上的群體模型，來替他們著名的、準時得不可思議的子彈列車排訂班次。車廂調度交由各地區自動爲之，彷彿各列車是心意相通的群體。休士頓的鐵路業者也希望用群體模式來經營他們的車場。採用目前的中央控制系統，調度場經常會壅塞，以致永遠得要有一長列備用的貨運車廂在大休士頓區兜圈子，就像個活動停車場。每當車場調度不過來，他們就從這列備用車廂發車。一旦採用群體模型的系統，藉由列車上極小的智力，各路線可以自行調度車廂。這種自我管理及自我最佳化的系統可以減少誤點。

網際網路也是採用這個方法來處理它驚人的交通負載。每一封郵件都被切成數個片段；每一段都在標上地址後，送進一個全球的路網。每個片段自行找出當時最快的投遞路線。郵件變成一組資訊碎片，到達目的地後才再組成完整的郵件。假如你再重寄同一封信，第二次的投遞路線可能完全不同。它走的路線有時會極無效率。你的電子郵件也許會先繞經西非，然後才送抵城市的另一邊。一個中央式的交換系統絕不會以這麼不經濟的方式來遞信；然而個體的無效率，卻可由整體系統的高度可靠性來彌補。

網際網路模型可以帶給新經濟不少啓示，但最重要的一課恐怕是它對底層群體力量的擁抱。群體力量的目的，是在擾動不定的環境中達成最佳表現。當事物發生得更快、更劇烈時，它們傾向於繞過控制中樞。藉由將許多簡單的部件交互連結成鬆散的集團，中央的控制權分解、下放到最底層或最外緣；靠著它們的集體力量，事物的秩序得以維持。

然而一個成功的系統所需要的，並不僅是將控制權完全交給連成網路的失序群衆。

擁抱群體所指的，並不是全然臣服於底層的力量。

且容我重述一次我在《失控》（*Out of Control*）一書裡講過的故事（這本書詳述了由群體程序所統轄的複雜系統，其優缺點、奇特行爲及後續影響）。這個故事闡明了群體的力量，但它如今有了另一個新結局，足以證明光憑群體力量有時是不夠的。

一九九〇年，羅倫・卡本特（Loren Carpenter）要求五千位參加某場電腦圖形研討會的出席者共同操作由他設計的電腦飛行模擬器。每位出席者都透過虛擬搖桿連成網路。五千人中的每一位都可以依他們自己的判斷來將飛機上下、左右移動，但卡本特將噴射機設計成根據五千個決策的平均值來回應。這場模擬是在一座大禮堂裡進行，所以在飛行過程中，這五千位駕駛員可以進行側向溝通（相互大叫）。很驚人地，幾乎不需經由上級指揮或協調，這些業餘機師即可將飛機順利著陸。在場者（包括我在內）都信服於分散、下放、自主、底層的控制模式所展現的力量。

在第一次示範的五年之後（以下是新的情節），卡本特帶著改良的模擬系統、更好的輸入控制以及更高的期望，又再回到這個研討會。這次模擬的不是噴射機，而是駕著潛水艇在立體的海底世界撈捕海怪的卵。參與者現在有更多選擇、更多維度與更多控制權。潛水艇可以上下、前後移動，張開、收起機械爪等，自由度比噴射機更高。當出席者剛開始指揮潛水艇時，沒有任何變化發生。他們紛紛搖動手上的搖桿，彼此喊來喊去指揮旁人，但潛水艇仍停在那兒。大家的操作指令相互抵消，由於沒有凝聚力，潛水艇文風不動。

最後，卡本特的聲音從大廳後方的擴音器傳出。「你們這些傢伙為何不往右走？」他大吼。卡啦！潛水艇立即轉向右邊。藉由突然出現的協調，參加者調整航行的細節，順利地出發尋找海怪卵。

卡本特的命令是領導者的聲音。他簡短的訊息所攜帶的只有一點點資訊，但就這麼些微的上層指令便足以釋出下層群體的力量。他不負責駕駛潛水艇；最神奇而且神祕的是，這項非常複雜的操縱工作，居然是由五千位生手來執行。卡本特所做的只是指引前進方向，如此即可消解群體的癱瘓狀態。就像五年前將噴射機著陸一樣，這些群衆再次以奇蹟似的方式，抵達他們的目的地。

倘若沒有某種來自上層的轄制，當選擇太多時，下層的自我控制將會凍結。倘若沒有某種程度的領導，在下層的多數將因選擇過多而癱瘓。

將無數的小東西連成網路後，便能產生龐大的力量。但這類群體力量需要某種最低限的上層轄制，才能將它的效用增至最大。何種轄制才算適當，則因網路而異。公司需要監督者的領導；社會網路需要政府的領導；科技網路需要的則是標準和規約。

數百年來，我們一直耽溺於由上往下的管制方式。它仍有其重要性，但新經濟最令人興奮的是，我們現在才剛開始探索底層的力量；在那兒，控制全局的是同儕關係。它是有待開發的豐富礦藏。藉由某些分散系統（如網際網路）的發明，我們所探測到的，還只是低度中央管理式網路的潛能而已。

目前，開發底層潛力所能獲得的收益，要遠大於關注於頂層所能獲得的。

談到控制，在底層還有廣大的探索空間。我們才正開始發現：一個有著數百萬個單元、最低度監管、最高度連接性、基於同儕關係的網路所能做到的，比任何人料想得到的還多。我們還不知道分權式結構的極限在哪裡。

在未來數十年，新經濟所能獲取的龐大利益，絕大部分將來自探索、開發分權式及自主性網路的力量。

首先，我們爲每個物體製作一顆晶片，然後將它們連線，接下來再將所有人都連接起來。我們將彼此間的對話擴大到涵括整個世界以及所有人造物。我們儘可能讓物體的網路自行管理，只在必要之處加入管理單位。在這個連線的巨大網路裡，我們彼此互動與創造。這種網路正是我們的未來。

這整個過程無法在一夕之間完成，但前途已經很清楚。我們正在將所有東西彼此連線，直到環抱整個人造世界。在這環抱裡，有一種新力量。

策略

使科技趨於隱形　當科技普及到無所不在的程度時，我們便會對它視而不見。當晶片散布得愈廣泛，人們便愈難察覺。網路愈成功，我們便愈不會注意到它。

在二十世紀初，時值工業經濟的英雄時代，馬達正在改變世界。又大又重的馬達推動工廠、火車，以及自動化的齒輪。如果龐大的馬達可以改變工廠，它們當然也可以改變家庭。所以一九一八年版的席爾斯百貨（Sears, Roebuck）型錄上展示著「家用馬達」——一個五磅的電動怪獸，號稱可以「減輕家庭的負擔」。這種家用馬達可以供應現代家庭所有的動力需求。一併展售的還有各種接上家用馬達的配件：打蛋器、風扇、攪拌機、研磨機、砂輪。要做任何工作，方便的家用馬達都可代勞。全錄公司的科學家馬克・懷瑟（Marc Weiser）指出，電動馬達實在太成功了，以至於我們再也看不見它。八十年後，沒有人擁有家用馬達；相反地，我們家中有數十個微型馬達。它們非常小、整合得非常好，而且非常普通，以致我們無從察覺它們的存在。要列出現代家庭中有多少馬達並非易事（風扇、時鐘、抽水幫浦、錄放影機、手錶等）。我們知道工業革命已經成功，因爲我們再也看不到它的戰士：馬達。

電腦科技正在進行相同的隱形過程。倘若資訊革命能夠成功，一個個的桌上型電腦將會消失。它的晶片、它的網路線，乃至於它的視覺介面都將會溶入我們的環境，直到我們再也察覺不到它們的存在（除非它們當機了）。當網路時代成熟時，只有在我們忘了晶片及光纖時，它們才算成功了。既然衡量一項科技成功與否的標準在於它隱形的程度，最佳的長期策略是開發終將被忽略的產品或服務。

如果它不會動，讓它動起來　就像書寫的科技現在幾乎涵蓋了我們生產的所有物品（而非僅止於紙張），同樣地，互動的科技很快就會涵蓋我們生產的所有物品（而非僅止於電腦）。任何人造物都無法逃脫微晶片，任何東西都可以驅動起來。即使晶片價格還未降到毫釐之數，我們仍可將物體整合到系統裡，就好像它們都是會動的。假設你有上百萬顆晶片，你會怎麼利用？我們可以相信，藉由既有的科技，將這些能力有限的晶片結合成分散式的群體智慧，我們現在已可開發出它們近半的價值。

如果尚未連線，趕快連上網路　首先，一個組織裡的每位員工都應該要能夠隨時、輕易而且長時間地使用該組織的主要溝通媒介——不管是電子郵件、語音信箱或無線電。通訊的好處通常只有在它變得非常普及後，才會顯現。提倡廉價、普遍和全面連線的每一步驟，都是朝向正確方向的步驟。

散播知識　使用最少量的資料，來讓系統的所有單元彼此熟知。舉例來說，假如你管理一座零件倉庫，你的系統必須知道每個零件在每一分鐘的位置。這可藉由貼上條碼來辦到。但我們還需要更進一步：這些零件也需要知道系統所知道的。零件在倉庫中的位置，應該依銷售狀況、預期接單量以及替代品的銷售量來調整。快速流通的貨品（這張清單應該會經常變動）應該放在容易取得與運送的位置。貨品應該要能呼應外界的變動，而這就表示我們需要有一個系統來傳布這些資訊。

讓機器彼此直接對話。資訊除了流入核心，也應該要有側向的、對外的與互相之間的流動。我們該問的問題是：「我們的產品或服務對我們的業務了解多少？」有多少最新的知識流回到邊緣？我們對外圍的資訊傳達做得有多好？因爲外圍其實是行動的核心，所以這些問題極其重要。

如果你不是活在即時狀態，你死定了　群體需要即時的通訊。動態的系統無法享有隔天再回應傳入訊息的奢侈。如果敢睡大頭覺，他們可能會在睡眠中死亡。除了少數例外，自然界的反應都是即時的。除了少數例外，企業日益需要即時反應。在以往，高昂的交易成本使得我們不願意立即完成上千筆小額交易；相反地，我們會先累積起來，再整批處理，以節省費用。但這種情形已經不再。既然你每天使用電話，電話公司爲何得等到每月月底才能收電話費？將來會改成即時的方式，每通電話會在通話時立即收費。餅乾公司可以立即知道它的餅乾在雜貨店的銷售狀況。俄亥俄州的工廠裝配線可以立即感受到加州的天氣變化。當然，並非所有資訊都得流往各處；只有有意義的才需要傳送。但在網路經濟裡，只有即時（或近乎即時）的訊號，才是眞正有意義的。請檢查資訊在你的系統裡的速度。如何能將它加快到即時？如果需要下游承包商、外地合夥人及遠距客戶的合作，愈即時愈好。

數量保證可以改變局勢　不管你如何嘗試，一把沙粒永遠不會造成山崩。你即使針對一粒沙研究上百年，也無法得到沙堆會崩坍的結論。要形成坍方，你需要數百萬粒沙。在系統裡，數量會帶來改變。擁有百萬個節點的網路，它的運作會迥異於僅有數千個節點的網路。這兩種網路像是完全不一樣的生物——一個是鯨魚，一個是螞蟻。也許更精確的譬喩爲：前者是一窩蜜蜂，後者是一隻螞蟻。同時揮舞的兩千萬支鐵鎚，仍然只是兩千萬支鐵鎚。但結合成網路的兩千萬台電腦，則遠遠大於兩千萬台獨立的電腦。

你應該盡全力來製造「更多」。在網路裡，雞與蛋的問題一開始會阻礙成長——因爲缺乏內容，所以沒有觀衆；因爲沒有觀衆，所以沒有人製作內容。因此，將所有事物連接起來的初步努力難免成就微薄。一開始，智慧卡除了更不方便之外，看來和信用卡沒甚麼兩樣。但數量可讓局勢改觀；兩千萬張智慧卡的力量將遠超過兩千萬張信用卡。

愈微小的東西，當數量變得「更多」時，在價值上的變化就會愈大。某種會發出嗶聲、顯示號碼的小東西，當數量多達數百萬個時，就成爲呼叫器系統。假如全世界所有的 Gameboy 或 Playstation 遊樂器都能彼此對話，那會如何？假如全城所有住戶的電錶連成一個龐大的網路，那會如何？假如所有的室外溫度計都連成網路，我們對天氣狀況的掌握，會遠勝以往千倍以上。

在這世上的東西，即使再微小，只要在群體的每個成員裡加入一點點互動，然後再將它們聯繫起來，就可以變得更有力量。關於這一點，我們可以從螞蟻得到證明。

網路經濟的遊戲將會是找出被忽略的小事物，並且想出擁抱群體的最佳方式。

註釋

①見 http://phylogeny.arizona.edu/tree/phylogeny.html。

譯註：「生命之樹」計畫是一個關於生物演化系譜的網站，它以樹狀結構來呈現地球上的物種在演化歷程上的相互關係。這是一個難以個人之力完成的計畫，發起人亞利桑那大學的 David Maddison、Wayne Maddison 與 Katja Schulz 透過網路協調全球各地的生物學家來參與這項計畫。「生命之樹」的網頁散布在四個國家的二十台電腦上，也反映出這個計畫的分散性及全球合作的特性。

類似「生命之樹」這樣聚集各地專家來編纂資料的嘗試不勝枚舉，做法也各不相同。有些是鬆散的，如線上哲學百科全書 Internet Encyclopedia of Philosophy（網址：http://www.utm.edu/research/iep/），除了簡單數則投稿規則之外，對於來稿的題材、文體和文章長度均無限制。有些則企圖建立一個完整、嚴謹的知識體系，除了這裡提到的「生命之樹」之外，還有關於自動控制及系統科學的 Principia Cybernetica Web（網址：http://pespmc1.vub.ac.be/TOC.html）。有些則是彙集不同學門的專業知識，如關於英國維多利亞時期的 Victorian Web（網址：http://www.stg.brown.edu/projects/hypertext/landow/victorian/victov.html）。

②譯註：出自基利的文章"Ten Commandments for Success on the Net"，刊於《忠誠友伴》（*Fast Company*）一九九六年六月號，網址是 http://www.fastcompany.com/online/03/command.html。文中引述的那句話是基利的「網路成功十誡」中的第十誡。

規則 2

級數比加法重要

加法的成長是直線，級數的成長是拋物線

微軟及聯邦快遞，以有機體繁殖的模式，呈現等比級數成長的動力。

企業價值隨著成員數目呈等比級數增加，

而提昇後的價值又像重力一樣吸引更多的成員，形成良性循環。

這種網路效應，可在一夕之間建立強大的標準，

同樣也可反向運作，瞬間將它們瓦解。

領先的會更領先，落後的會更落後。

所有的回報都會加速，所以我們格外要維持正向的回報。

只要我們用級數成長，荷葉會一夕間佔領整個池塘。

網路有它自己的邏輯。當你將所有事物連在一起，奇妙的事於焉發生。

以數學的方式表達：網路的價值總合與其成員數目的平方成正比。換句話說，如果網路節點的數目呈線性增加，則網路價值呈指數性增加①。加入一些成員可以顯著地增加所有成員的價值。

這種奇特的快速成長其實不難想像。假設有四個彼此認識的人，他們之間有十二種一對一的關係。如果加進第五個人，這個友誼網路增加到二十種不同的關係；六個人有三十種；七個人有四十二種。當成員人數超過十人時，成員之間的關係數將急速增加。當人數（n）極大時，成員關係的數目將趨近於 $n \times n$，亦即 n^2。因此，一千個成員之間將有一百萬種關係。

n^2 的魔法在於：當你多加入一個新成員時，你加入了許多相互關係；你得到的價值多於你加入的。工業領域則非如此。假設你有一家牛奶工廠，有十位顧客每天向你買牛奶。當增加了一位新顧客，你的顧客群成長十%，而牛奶的銷售額也成長十%。這是線性的。相對而言，假設你擁有的是有十位顧客的電話網路，你的顧客每天彼此打一通電話；那麼他們每天約打一百通電話（$n=10$，所以 $n^2=100$）。當增加了一位新顧客，你的顧客群成長十%，但電話費的營收卻成長了二十%（因爲 11^2 比 10^2 多百分之二十）。在網路經濟裡，小努力可以得到大收穫。

鮑勃・梅特卡夫（Bob Metcalfe）最先注意到網路在增加價值方面的爆炸性傾向。他是一種叫做以太網路的區域網路科技的發明者，在一九七〇年代末期，銷售一種以太網路、Unix 作業系統及TCP／IP（網際網路使用的通訊協定）的組合產品，可用來將許多小型網路連接成大型網路。梅特卡夫說：「當時儘管我一再嘗試，仍無法在小規模的基礎上推行網路，於是我產生了網路價值等於 n 平方的想法。」他注意到網路數目需要達到臨界規模，人們才會有裝設的意願。他同時也注意到，當他把散布在各處的區域網路連接起來後，整個大型網路的價值會突然倍增。一九八〇年，他導出了這條定律的公式：價值＝$n \times n$。

其實，n^2 仍然低估了網路成長的整體價值。就像經濟記者約翰・勃朗寧（John Browning）所指出的，網路力量的加乘幅度更甚於此。梅特卡夫的觀察所根據的是電話網路的形態。每通電話在線路的兩端各有一人，因此潛在的通話總數是所有使用者兩兩配對所產生的組合總數。但線上網路，就像眞實世界的人際網路一樣，還可以提供更複雜的三向、四向，乃至多向溝通。你不但可以和你的朋友查理互通訊息，還可以同時也和艾利斯與鮑勃通訊。在線上世界裡，同時與多人通訊的經驗是非常獨特的，它的本質與和一人通訊全然不同。因此，當我們彙算網路通訊的所有可能組合時，不只要計算所有成員兩兩配對的情形，還要加上所有群體通訊的組合。這些新加上的組合可以把網路的價值總數推上天際。精確的數學算法在此並不重要，只要知道網路的價值超出它的投入值就行了。

網路急遽放大微小投入值的趨勢，引導出網路邏輯的第二條關鍵定律：報酬遞增定律（the law of increasing returns）。這個定律在各個方面支撐起網路經濟的許多奇怪行爲。它的最簡單版本是這樣的：網路的價值會隨著成員數目的增加而急速膨脹，然後價值上的膨脹又會吸引更多的成員加入；如此反覆循環。

有句古諺一語道破這個現象：已經擁有的人會得到更多。

換作現代的說法則是：網路會獎賞成功者，讓他們更爲成功。經濟學家布萊恩・亞瑟（W. Brian Arthur）將這種效應稱爲「報酬遞增」。他說：「報酬遞增是那種超前者會更爲超前，失去優勢者會繼續失去更多的趨勢。」

在工業經濟裡，成功會自我設限；它遵守報酬遞減定律。在網路經濟裡，成功會自我強化；它遵守報酬遞增定律。

我們在矽谷等區域的發展，看到報酬遞增定律的運作方式：每家成功的新創公司吸引了其他新創公司跟進，接著又再吸引更多的資本、技術以及更多的新創公司。（矽谷以及其他的高科技產業地區本身即是人才、資源與機會緊密結合的網路。）

乍見之下，報酬遞增律似乎與課本上常見的規模經濟（economy of scale）的觀念相同。後者所指的是：你所製造的產品愈多，產品製程會愈有效率。亨利・福特將汽車暢銷後的收益用來設計更有生產力的製造方法。這讓福特可以將售價訂得更低，因此車子變得更暢銷，於是又再刺激更多的創意及更好的生產方法，將他的公司推上巔峰。

這種自我滋長的循環是一種良性的反饋迴路。不過，儘

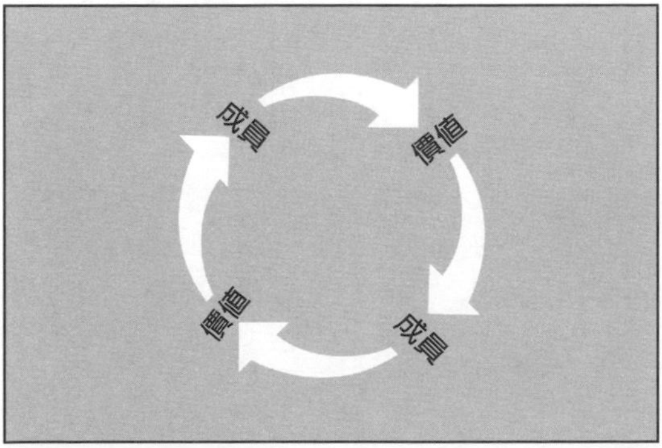

我們可以在網路裡看到自我強化的良性循環。每個新加入的成員將增加網路的價值，接著又吸引更多的成員加入，造成收益不斷增加。

管報酬遞增律和規模經濟都仰賴良性的反饋迴路，其間仍有兩項關鍵差異。

首先，工業的規模經濟是依漸進及線性的方式來增加價值。小努力得到小收穫；大努力得到大收穫。相反地，網路則是以指數的方式來增加價值——小努力可以彼此強化，於是收穫可以像滾雪球一樣迅速擴大。兩者的差異猶如撲滿及複利利率。

其次，而且更重要的，工業的規模經濟植基於單一組織，獨自藉由壓低成本的英勇努力來超越對手。領先者所發展出來的專業技術（及優勢）是屬於它自己的。相對而言，網路上遞增的報酬是由整個網路所創造及共享的。許多中介者、用戶及競爭者共同創造出網路的價值。雖然報酬遞增的收益可能會不平均地集中到某家公司，但收益的價值仍然存在於更大的關係網路。

這些良性的反饋迴路是由「網路外部性」（network externalities）所創造的。任何可以創造（或毀滅）價值的事物，只要是無法指定到某個人的會計總帳裡的，即是一種外部性。一個電話系統的整體價值，並不在於電話公司及其資產的整體內部價值，而是位於電話公司之外的電話系統本身。網路是非常豐富的外部價值來源，因此已經成爲近幾年經濟研究的熱門題材。一連串最近發表的學術論文均在詳考網路外部性的細節：外部性何時浮現？如何崩解？外部性是否對稱？能否被操縱？

報酬遞增及網路外部性成爲關切焦點的一項原因是：它們傾向於造成明顯的壟斷。龐大的現金流入了思科（Cisco）、甲骨文（Oracle）或微軟等網路贏家，這使得其他每個人都開始緊張。網路的超級贏家究竟是不是獨佔事業？它們完全不像工業時代的任何獨佔事業。今天，舉行反托辣斯的公聽會時，證人不再是對高昂的價格、惡劣的服務或缺乏選擇（傳統獨佔事業的罪狀）感到憤怒的消費者。消費者沒甚麼好抱怨的，因爲他們從這些網路的超級贏家得到更低的價格、更好的服務及更多的功能——至少短期之內是如此。唯一會抱怨這些超級贏家的，是它們的競爭者；因爲報酬遞增律創造了一個贏家通吃的環境。但長期來說，一旦所有的競爭者都敗退或消失後，消費者是會有理由可抱怨的。

新形態的獨佔者有數點異於以往。傳統的獨佔者宰制了商品。在新秩序裡，就像聖塔非研究院的學者布萊恩・亞瑟所指出的：「宰制單一產品的重要性，或許比不上接續地掌控科技蛛網中一條又一條的絲線。」超級贏家可以採取某種形態的跨足經營，運用掌控網路中某一層的優勢，來攫取其他各層。倘若擁有語音電話的標準，那麼要控制傳眞通訊的標準就會容易得多。

傳統獨佔者令人難以接受的罪過在於它們是專賣者（所以獨佔的英文 monopoly 是

源自希臘文 mono-polion，意即獨家銷售），因此它們可以提高價格、降低品質。但網路邏輯本身即可促使商家壓低價格、提昇品質，即使是獨家的專賣者亦然。網路經濟最不可饒恕的罪過是箝制創意；當競爭被扼殺後，便可能出現這種情形。在新秩序下，因爲價格是導自於創新，所以創新比價格更重要。

網路經濟其實希望出現專賣者。因爲報酬遞增律及 n^2 價值，一個大池塘遠優於許多小池塘。網路經濟會以充分的養分來培育專賣者。網路經濟所無法忍受的是「創新專屬權」（monovation）——創新只能來自單一來源。在網路經濟裡，獨佔者的危險性不在於它們能提高價格，而在於它們可能成爲創新專屬者。但即使在獨佔者的世界裡，我們仍有多種方法來鼓勵「多方創新」（polyvation）——讓創新來自於多重來源：我們可以建立開放系統，將關鍵的智慧財產權移往公共領域，很民主地將原始程式碼公開。當我們瞭解報酬遞增及其他網路經濟新規則的重要性之後，可以預見我們對市場贏家所扮演角色的認知也會開始轉變。

工業的獨佔者利用單純的規模經濟，從中獲利。網路效應則無關乎規模經濟，它關乎在單一組織之上或之外所創造的價值；這些價值通常是由一個更大的網路來創造，然後再傳回到各區域（它的分配通常是不均等的）。因爲網路廠商的某部分價值如此明顯地來自外部，所以參與者的忠誠通常都留給了外部來源。

我們可以從網路效應左右之下的矽谷成長過程看到這一點。矽谷的成功是超乎任何特定公司的，所以忠誠的對象也是在公司之外。誠如《區域優勢》（*Regional Advantage*）的作者薩森尼安（AnnaLee Saxenian）所云，矽谷其實已經變成一家龐大的、分散的公司。員工跳槽已經頻繁到「人們開玩笑說，你換工作時可以不必換停車位。有人說他們起床時想到的是他們是爲矽谷工作的。他們效忠的是先進科技或整個地區，而非任何特定公司」。

這種趨勢似乎會更進一步擴展。在我們所邁入的新紀元，員工和消費者的忠誠都是針對網路，而非特定公司。矽谷最偉大的創意並不是令人嘖嘖稱奇的硬體或軟體；它最偉大的「產品」是矽谷公司的社會組織，以及更重要的，矽谷地區本身的網路式結構——由先前的工作、親密的同事、公司之間洩露的資訊、快速的企業生命週期以及蓬勃的電子郵件文化所交錯而成的網路。這種社會網路貫注到由微晶片和銅線神經系統構成的溫熱硬體，創造出眞正的網路經濟。

即使在矽谷，社會網路仍然顯現壓力的痕跡。無疑地，在最糟的情況下，網路經濟是贏家通吃；在最佳的情況下，贏家拿走了大部分。報酬遞增曲線以及注意力的匱乏，使得成功只集中在少數幾個點。雖然出現了巨星和巨作，但其餘的都只是慘澹經營。如今，一般家電用品及大宗物件似乎也開始依循好萊塢模式：少數幾個品牌瘋狂大賣，剩下來的僅能小賣。這是一種「賣座」經濟，資源只會流往那些看得出前景的。如果某本新小說、某項新產品或新服務開始起飛，它會得到更多助力；如果它跌了跤，則被棄如敝屣。已經擁有的人，則會得到更多。

目前最主要的論爭焦點是：報酬遞增律是否獎賞那些早入場者。經濟學家布萊恩・亞瑟在某些關於報酬遞增的早期研究裡指出：將科技競爭者，如VHS和Betamax兩種錄影帶規格，放進電腦中模擬時，報酬遞增傾向於選擇其中一者，最終造成那個不幸者的覆滅（在本例中是Betamax）。而且「不幸」這個詞是很允當的。根據亞瑟的研究，多虧了報酬遞增律，贏得勝利的科技並不必然是較優秀的。它不過是幸運，或者是較早出現而已。亞瑟寫道：「如果某一產品、公司或科技——市場的許多競逐者之一——因為機遇或聰明的策略而取得領先，報酬遞增可以放大這種優勢，於是此一產品或公司可以進而鎖定（lock in）市場。」

如果所有條件都平等，初期領先具有明顯的優勢。但在眞實人生裡，難得有甚麼是平等的。進一步的研究往往顯示，那些水準似乎較差但藉由報酬遞增而風行的科技，其實在某些關鍵之處仍略勝一籌。新力的Betamax規格之所以輸給VHS，是因爲VHS的錄影時間較長。而且根據某些說法，新力不鼓勵用Betamax來錄色情片——但這正是早期錄影帶的主要用途。蘋果電腦的作業系統雖然比較好，但因爲它方向錯誤的獨佔策略，價格較高，所以輸給了微軟的Windows。那個應該更合乎人體工學的德弗夏克(Dvorak)鍵盤，之所以會輸給常見的QWERTY鍵盤是因爲：它的鍵盤配置其實沒能快上多少。

當第一個，或當最好的，有時會有所助益，但並非必然如此。在網路環境裡，競爭的結果並非僅由競爭者的能力來決定，而是由一些微小的差異（包括運氣在內），經由良性反饋迴路的力量大幅增強後來決定。競爭的結局是「路徑依賴」（path dependent）的，也就是說，一些細微的推擠和障礙可以導致系統「偏往」某一方向。在一開始，競爭者之間只有毫釐的差距，終點卻相距不啻千里。最後的終點無法僅根據個別競爭者的顯著屬性來預測。

我們能夠預測的是網路以何種方式來放大微小的優勢，然後將優勢鎖定。同樣地，初期不經意的決定或慣例也會迅速凍結成無法變更的標準。這種凍結而成的網路標準既是祝福，也是咀咒——因爲這種臨場決定的協議可以減少風險，進而激發廣泛的進展，所以它是祝福；因爲擁有或控制標準的人可以得到不成比例的獎賞，所以它是咀咒。

網路經濟所給予的，不會只是祝福，沒有咀咒。我們（或多或少地）願意忍受微軟賺取數十億，是由於造成微軟報酬遞增的標準，也讓許許多多的小公司能夠集體累積數十億的盈餘。

我們很容易忘了微軟的崛起是多近、多突然的事。微軟是梅特卡夫定律（「當Windows的用戶呈線性成長時，它的價值呈指數性成長」）以及報酬遞增定律（「如果Windows NT的用戶愈多，它就會變得愈有吸引力」）的最佳範例。微軟同時也闡釋了由報酬遞增律導出的第三條定律：微小的訊號如何突然變成轟然巨響。

在創辦後的前十年，微軟的盈餘可說是微不足道。約在一九八五年前後，華爾街才開始注意到它的盈餘。然而一旦竄起後，它的盈餘成長是爆炸性的。若將微軟公司的豐厚盈餘繪成圖表，得到的是一道指數性的成長曲線，就像另外幾個網路經濟的明星一樣。

聯邦快遞也經歷了類似的路徑：好些年微薄的盈餘成長，慢慢爬過一道看不見的門檻，然後在一九八〇年代的初期突然竄升到天際。

同樣地，傳眞機也是歷經二十年，才一夕成功。經過二十年幅度有限的成長後，傳眞機的數量在一九八〇年代中期跨越了臨界點——接下來我們突然發現，到處都是傳眞機。

網路經濟裡，爆炸性成長的最佳典範是網際網路本身。任何一位驕傲的老網友都會樂於解釋：在網際網路出現在大衆媒體之前，在二十年的光陰裡，它只是一個寂寞（但令人悸動）的文化孤域。如果畫一張全球網際網路主機的圖表，從一九七〇年代開始，曲線都只比X軸高不了多少，到了一九九一年時，主機的數目開始快速增加，呈等比級數地往上衝，大有接掌全世界之勢。

微軟、網際網路、傳眞機及聯邦快遞的曲線②，都是以有機體繁殖的模式，呈等比級數成長的範例。這類曲線幾乎是生物系統的定義。這也是爲何網路經濟通常以生物辭彙最能精確描述的原因之一。的確，如果網際網路像是充滿生命力、狂野的蠻荒邊境，那是由於這是歷史上頭一次我們在科技系統中見證了生物式的成長。

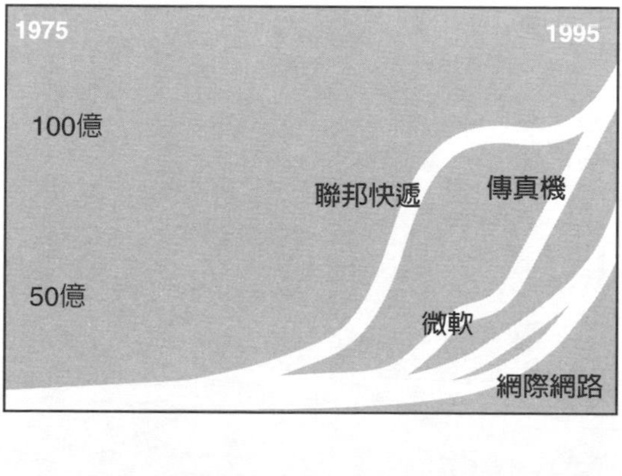

網路組織在開始培養他們的網路時，成長是極小的。一旦建立網路後，只需注入少量的才智，即可得到巨幅的成長。

網路的一個絕佳定義就是：科技矩陣中的有機行為。

微軟、網際網路、傳眞機及聯邦快遞加乘性的成功，完全繫於網路的首要定律：價值隨著成員數目呈等比級數增加，而提昇後的價值又像重力一樣吸引更多的成員。這種良性循環持續膨脹，直到所有的潛在成員都加入爲止。

然而，這種激增的現象，直到一九八〇年代晚期才被引爆。當時發生了兩件事：一是出現近乎免費的微晶片，一是電話費率急速跌落。這使得不論何時何地，自由地交換資訊成爲可行（也就是說，非常便宜）。網路，宏偉壯觀的網路，開始從這個超飽和的溶液中沉澱出來。網路力量隨後而至。

工業時代的一項顯著特徵是它的合理預期。成功與努力成正比。小努力，小收穫；大努力，大收穫。這種線性比率是資本投資和資源分配的典型行爲。根據「美國統計摘要」（U.S. Statistical Abstract）的資料，一九五〇年代最暢銷的產品（冰箱、時鐘、洗衣機之類的家電用品）每年的銷售數量，僅以二％的年增率平穩成長。要預測某一企業或新產品的未來，只需依據目前直線發展的趨勢來外插，即可求出。我們可以放心地假定（因爲大體是對的），這個世界的行進路徑是線性的；通常不會有全新的現象突然冒出，然後在幾個月之內改變了一切。

隨著大規模電子媒體網路在本世紀中葉到來，這項假定開始消蝕。數百萬個看著電視成長的小孩，長大後創造了一些暴起暴落的流行（如呼拉圈）、青年文化（如嬉皮和龐克），還有突然聚集五十萬人的自發性集會（如伍茲塔克〔Woodstock〕搖滾音樂會）。事件的發生並非線性的。有了媒體網路之後，外插法再也不是根據已知來推估未來的安全方法。當成功來臨時，它通常以瘋狂的繁衍速度來自我滋長。最近流行的電子寵物即是一例。當日本開始銷售玩具寵物「電子雞」（Tamagotchi）時，第一年賣出的數量從零成長到一千萬個，第二年成長到兩千萬個。當它們引入美國時，第一個月即賣出五十萬個。單就它們的成長曲線來看，電子雞可算是眞正孵出小雞了。因爲它們的銷售曲線與動物牲口的繁殖曲線相同——今天只有兩隻寵物，明年就變成兩百隻。在生物繁殖上，成功很容易飛速地加乘上去。如今這種飛速成長也發生在科技領域。

每天我們都在科技系統裡看到生物式成長的證據。這是網路經濟的一個印記：生物學已經在科技裡生根。這也是爲何網路可以改變一切的原因之一。

這整件事是這樣發生的——二十世紀前期的大多數科技都侷限在工廠內部。只有商人才會關心先進科技，亦即更便宜的製造方法或是更特殊的材料。由這些先進科技製造出來的消費性產品，通常是節省勞力的機具，像是縫紉機、吸塵器、抽水馬達。它們節省時間，因此強化了當時風行的文化（即人們有閒暇從事文化活動）。但是機具本身（除了汽車之外）僅是機巧之物。它們是科技——某種新奇玩意兒，最好少量使用，而且顯然並非大衆生活的社會與經濟中心。這些科技很容易被忽略，因爲它們並未滲透到我們眞正關切的生活領域：我們的友誼網路、寫作、繪畫、文化藝術、人際關係、自我認同、民間組織、工作的本質、財富的獲得，以及權力。但隨著科技持續地進入通訊及交通的網路，科技已經完全淹沒這些社會領域。我們的社會空間已被電報、唱片、電話、照片、電視、飛機及汽車入侵，接著是電腦及網際網路，如今是全球資訊網。

科技已經變成我們的文化，我們的文化已經變成科技。

科技不再是外在的，不再是全然陌生的，不再是偏處邊陲。它如今位於我們生活的中心。音樂家暨藝術家蘿瑞・安德森（Laurie Anderson）說：「科技是我們圍繞而坐的營火。」③數十年間，我們很難得看見高科技的形影。然後突然地——才一眨眼——它已經無所不在，而且至爲重要。

因爲科技變得愈來愈像我們，所以它才能如此深入我們的生活。它的結構已經變成有機的了。因爲網路科技的行爲像是有機體，而非機器，當要理解網路經濟如何運作時，以生物來作譬喻會遠比採用對待機械的觀點有用。

但如果成功依循的是生物模式，那麼失敗也是。注意這則故事：某一天，沿著海灘，小紅藻突然蔓延成龐大的紅潮。幾週後，正當那層紅毯似乎永遠無法抹除時，它又不見了。旅鼠會激增，然後突然消失。讓人口倍增的生物力量，同樣也能將它們大舉消滅。那股彼此加乘、放大網路效應的力量，可在一夕之間建立強大的標準，同樣也可以反向運作，瞬間之內將它們瓦解。那股匯集起來，用類似生物的方式營造組織的力量，同樣也可以匯集起來將組織拆毀。我們可以預期當微軟的運氣由盛轉衰時，它們盈餘下跌的曲線，會恰好與它們的成長曲線成對比。當成功轉爲失敗時，因爲人人爭相逃命，原先促成網路成功的各股自我強化的力量，都會同時反向而行。

我們還可以從微軟、聯邦快遞和網際網路等成功案例裡，得到另一項關於生物性現象的洞見。如今回顧，我們可以看到，在發展過程中的某一點，向它們匯聚的動力大到成功變成一個擋不住的事件。可以這麼說：成功變成傳染性的，擴散的幅度大到沒被感染的人也不得不屈服。以電話系統的流行爲例，你可以忍受多久沒有電話的日子？目前只有百分之六的美國家庭仍在抗拒。

在傳染病學裡，當某項疾病已經感染了足夠的宿主，必須被視爲重大疫情的那一點可稱爲轉折點（tipping point）。傳染病的動力起初像是逆勢推上斜坡，進展緩慢，一旦越過轉折點，就會拋開一切阻障，沿坡而下，勢不可擋。在自然界，致命疾病的轉折點非常高；但在科技界，它們似乎在較低的地方就可被觸發。

任何企業，無論是工業或網路企業，都會有轉折點，通過這一點之後，成功就會自我滋長。然而，網路經濟的幾項特徵，如低廉的固定成本、微不足道的邊際成本，以及快速的流通管道，將轉折點壓低到低於工業時代的等級；就像是新病菌的傳染性更強，也更易繁殖。它只需要更小的初期能量就可以達到全面性的優勢，而且更快。

較低的轉折點意謂了重要性門檻（threshold of significance）——指任何運動、成長或創新，在尚未到達轉折點，但已變得不容忽視的那個階段——同樣也較工業時代大幅降低。我們有必要在事情的發展到達重要性門檻之前，即偵測到這樣的發展。

在一九八〇年代，美國大多數的零售商拒絕把電視購物網路當成一回事兒。因爲剛開始時，看電視，並且從電視購物的人是如此地少，如此地微不足道，無法達到零售界既有的重要性門檻。美國最大的幾個零售商，是在「億」的數字範圍裡操作；第一家電視購物是在「千」的範圍。零售商發現，消費者看了五十個鐘頭的購物節目後，才會開始買第一件商品。零售商認爲這是椿可怕的事。但其實「看別人怎麼做」是一種入會儀式。購物者信賴其他購物者。當購物者因爲旁觀許多人順利地購物，也跟著「投資」進去這個過程，他們便會一買再買。所以原先的少量穩定成長，藉由日益增加的購物者帶來更多的購物者，最後變成飛快成長。這些零售商並未留意網路經濟微妙的新門檻，而是坐待轉折點的警鈴響起；換句話說，他們早已錯失獲利的良機。

在過去，創新的動能指引出重要性。如今，在生物行爲當道的網路環境裡，重要性先於動能。

最後一個來自生物學的譬喻：夏日，在池塘裡，飄浮的蓮葉所覆蓋的面積，每天增加一倍，直到覆滿整個水面。在它覆滿池面的前一天，它只覆蓋了一半的池面；再前一天，

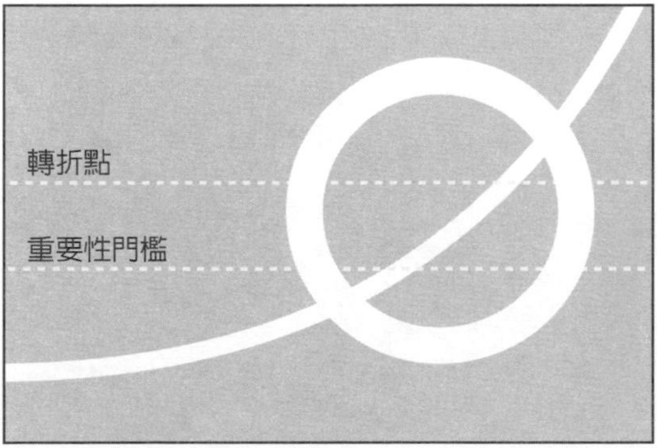

在網路特有的等比級數發展中，加乘效應會通過某個快速成長點。但人們在此點之前，在動能尚在蓄積的階段，就應該密切注意。

它只覆蓋了四分之一；再前一天，只有稀疏的八分之一。整個夏天，蓮葉的成長難以察覺。只有在最後一週，大多數的旁觀者才會注意到它「突然出現」。到了那時，它早已超越了轉折點。

網路經濟就像一個蓮池。池塘的大部分區域看來是空的，但有一些蓮葉正快速滋長，例如全球資訊網是每六個月增大一倍的蓮葉。儘管現在已有一百萬個網站，但全球資訊網的前景才剛開始。別的蓮葉也正沿著池塘邊緣冒出來：MUD、鉉衛星電話、無線通訊資料埠、合作式代理軟體、WebTV，以及遠程固態感應器。現在，炎熱的網路夏日才正開始，而它們都只是正在孵育的小小蓮子。一個接著一個，它們將會通過各自的轉折點，突然變得無所不在。

策略

檢查外部性　等比級數式成長的最初階段，扁平得就和其他新事物的成長階段一樣。你如何能在動能浮現之前偵測出重要性？去判別胚胎一般的成長是出於網路效應，抑或出於公司的直接努力。檢查其中是否出現了報酬遞增、開放系統、n^2 的成員數、通往多重網路的多重閘道。略微超前的產品、公司或科技——即使它們只是次好的——只要能善用網路效應，將是最可能達到等比級數式成長的。

整合小型的網路　放大網路價值的最快方式，是將它與較小的網路聯合起來，讓它們像一個大型網路一樣運作，以獲得整體的 n^2 價值。網際網路就是這樣成功的。它是網路的網路，它是將各種性質懸殊的現有網路黏結起來的中介者。你能否協調汽車零件供應網路、保險核算員網路以及車廠檢修網路，讓它們彼此合作？你能否使用標準的搜尋引擎科技，來協調錯綜複雜的醫院記錄？各郡財產資料庫、美國專利以及小鎮律師，這三種網路之間是否有一些有用的共同點？集中在一個網路的一千個成員，其力量會遠大於分屬於三個網路的。

建立反饋迴路　網路萌發出連線，連線萌發出反饋迴路。迴路有兩種基本類型：一種是自我抑制迴路，如自動調溫器及水箱浮球，這類反饋迴路會約制自己；另一種是自我強化迴路，這類迴路會促成如報酬遞增及網路效應之類的飛快成長。使用這兩種力量的組合可以創造出成千種複合迴路。當網際網路提供商剛出現時，大多數公司都爲高速數據線路訂定昂貴的使用費；他們擔心高速連線會使得使用者上線的時間減少，導致收入降低。較高的使用費形成補貼提供商購買高速數據機的迴路，但也降低消費者採用高速線路的意願。但是有一家提供商願以較低的費用提供高速連線。這家「離經叛道」的廠商建立了酬庸使用者購買高速線路的迴路：他們每小時可獲得的資訊更多，所以待得更久。雖然這家公司一開始時需要投入更多的資本來購買數據機，但它建立了一個高速迷的廣大網路——這些高速迷不但自己購買高速數據機，而且也沒有多少高速連線的替代選擇。這家網路提供商的生意興隆起來。反饋是一種新經濟的經營概念，瞭解它的重要性不下於瞭解投資報酬率。

保護漫長的孕育期　因爲網路經濟偏好輕巧快捷者，任何緩慢及需要耐心的事物難免吃虧。但是許多計畫、公司及科技得要逐漸、緩慢地累積複雜度及豐富度，才能成長得最好。在孕育期間裡，它們無法與早起的鳥兒競爭；接下來，因爲報酬遞增律，它們仍然難以競爭。後到者必須遵守「杜拉克規則」(Drucker's Rule)：他們必須比他們希望取代的好上十倍。如果提供的新產品可以增加參與的方式，延遲加入通常是合理的。舉例來說，爲了讓數位相機同時與個人電腦及有線電視相容，因而延遲加入數位相機的市場，這種等待便是値得的。

這是每個人的賣座遊戲　在網路經濟裡，好萊塢賣座影片那種贏家通吃的現象，將成爲大多數產品的常規——即使是體積龐大的工業製品亦然。油井的財務調度目前即是如此：幾個產量豐富的油井支應許多乾井的虧損。你嘗試許多想法，事先並不知道何者會成功。你能確定的是每個想法不是成功，就是慘敗，沒有甚麼中間地帶。少數得高分的安打必須彌補大多數的空棒。工業家極度憎惡這種摸彩式的經濟模式，但它正是網路經濟的運作方式。我們得向現有的賣座導向企業（如音樂、圖書）的長期生存者多學習。他們知道你必須不斷嘗試許多東西，而不要嘗試預測誰會大賣，因爲這是無法預測的。

有兩位經濟學家證明了賣座與否是無法預測的——至少在娛樂事業。他們將一九八五年五月至一九八六年一月的首輪電影票房繪成圖表，發現「唯一可靠的電影票房預測指標是它前一週的表現。任何其他因素似乎都無關——不管是影片類型、演員陣容或預算」。如果前一週賣座高，這一週的賣座便較可能仍高——這是由口碑推薦促成的報酬遞增迴路。這兩位經濟學家，狄凡尼（Arthur De Vany）和渥爾斯（David Walls），宣稱這些結果反映了一個稱爲「玻色—愛因斯坦分布」（Bose-Einstein distribution）的高深物理方程式。他們說，因爲影響結果的唯一變數是前一週的結果，這意謂了「電影工業是一個擺盪在秩序與混沌之間的複雜調適系統」④。換句話說，它遵循了網路的邏輯：報酬遞增及持續的不平衡。

註釋

①在這裡，「指數」只是用來譬喻「爆炸性的成長」。技術性來說，n^2的成長應該稱爲「多項式的」，或者更精確來說，「平方的」。它是將一個變動的數字（n）加上一個固定的指數（在這裡是2）。在數學裡，眞正的指數性成長是將一個固定的數字加上變動的指數，譬如2^n。有些多項式曲線和指數曲線看來頗相似，只不過指數曲線的坡度比較陡。一般討論中通常並不區分這兩者的差別。

②我從《網路商機》（*Net Gain*）的作者約翰·海格（John Hagel）處得到這四個例子，特此致謝。

③譯註：轉引自"America's Multi-Mediatrix"一文，原載《連線》一九九四年三月號。網址：http://www.wired.com/ wired/archive/2.03/anderson.html。

④譯註：狄凡尼和沃爾斯的論文題爲"Bose-Einstein Dynamics and Adaptive Contracting in the Motion Picture Industry"，可見於狄凡尼的網站：http://www.socsci.uci.edu/mbs/personnel/devany/devany.html。

規則 3

普及比稀有重要

拷貝很便宜，讓它們滋長吧

在任一特定系統的草創階段，孤立者自可找到它的位置，
但若要成長，就必須開放。
1970 年代，花旗銀行率先使用自動提款機，成效極佳。
較小的競爭銀行也依樣設置各自的、專屬的小型提款機網路，
但無法與花旗系統競爭。然後，這些銀行聯合起來，
組成名爲 Plus 的開放型自動提款機網路。
他們也邀請花旗加入，但遭到回絕。
在報酬遞增定律的作用下，Plus 吸引了愈來愈多的客戶。
最後，花旗被迫放棄自己的封閉系統，加入 Plus。

統御網路經濟的是「普及」，而非「稀有」。複製、再製及翻拷的現象多如牛毛。凡是能製造的東西，就能大量製造。這種普及性可以：

- ■帶動價值
- ■打開封閉的系統
- ■散播出無數機會

試想：一九六五年左右，從工廠輸送帶送出的第一台現代傳眞機，儘管耗費了數百萬美元的研發費用，卻毫無價值。是的，它的價值等於零。接著造出來的第二台傳眞機讓第一台略具價值——它有了可以傳眞的對象。因爲傳眞機會連成網路，每台新賣出的傳眞機都可以增加所有既有傳眞機的價值。

這稱爲傳眞效應。傳眞效應說明了普及可以產生價值。

普及性的力量強大到每個購買傳眞機的人都變成傳眞網路的播種者。有傳眞機的人會問：「你有傳眞機嗎？」他們會建議你：「你該去買一台。」爲甚麼？因爲你的購買可以增加他們的傳眞機的價值。而一旦你也加入這個網路，你會開始問別人：「你有傳眞機（或是電子郵件信箱、Acrobat 軟體等）嗎？」經你說服而加入網路的每位新成員都可以增加你本身的價值。

當你購買一台傳眞機時，你所買的不僅是一台價值美金兩百元的機器。你的兩百美元還買下了全世界所有傳眞機所構成的整個網路，以及它們之間的連線——其價值遠大於所有個別傳眞機的成本。的確，最早期的傳眞機售價高達數千美元，但只能連接少數幾台機器，因此它們的價值其實不高。如今，你只要花兩百美元即可購買價值三十億美元的傳眞網路。

在網路經濟裡，產品的數量愈充裕，它就變得愈有價值。

這個觀念直接牴觸了從工業時代遺留下來的、最基本的兩則定理。

第一則古董定理：價值來自稀有。試看工業時代的財富象徵：鑽石、黃金、石油及大學文憑。因爲稀少，所以它們才會珍貴。

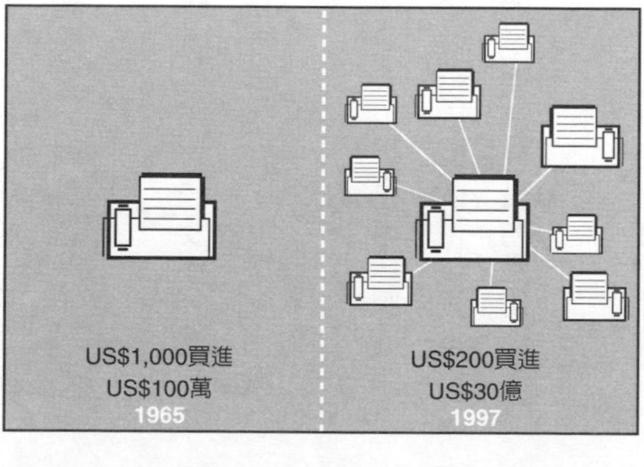

目前一台傳眞機的低廉價格可以買到由1,800萬台傳眞機構成的整個傳眞網路。每一台新售出的傳眞機都可以增加你的傳眞機的價值。

第二則古董定理：當物品的數量變多後，它們的價值開始貶低。例如毛毯，它曾是富裕人家才能擁有的稀有手工製品。當毛毯可由機器成千條地織造後，它就再也不是階級的象徵了。它遵循了傳統定律：通俗性會貶低價值。

網路則將工業時代的規則整個顛倒過來。在網路經濟裡，價值是源於普及性，就像傳眞機的價值會隨著傳眞機的普及而增加。力量來自於豐盈。拷貝很便宜，就讓它們滋長吧。

自從古騰堡（Johann Gutenberg）製造了第一項大衆化商品——可廉價複製的字——之後，我們就瞭解無形的事物可以輕易地複製。複製降低了每份副本的價值，但由這些副本所激發、在網路中連結起來的關係則變得很有價值。即使網路成員的數目僅僅略微增加，這些關係的價值也會往上飛升。

Windows NT、傳眞機、TCP／IP、GIF圖檔、RealAudio，這些從網路經濟深處誕生的產物，都謹守著這個邏輯。扳手、三A電池，及其他依賴普遍標準的裝置亦是如此。愈普通的事物，遵守標準的好處愈大。英語是一個更典型的例子：愈多人使用就愈有價值，愈有價值就愈多人學習使用。一旦複製的費用低廉到微不足道（這種情形並不僅限於軟體），標準及網路的價值即會激增。

在未來，襯衫、瓶裝維他命、鏈鋸及所有其他工業產品，只要製造每一件產品的成本急遽降低，即會遵循普及性的定律。

以前因爲工業系統相對而言並不複雜，所以專屬系統（或稱「封閉系統」）①並不多見。但隨著科技的進步，若不乞求原設計者的協助或侵犯專利，往往難以複製某種系統，因此專屬系統開始流行起來。封閉系統的創造者通常可享受豐厚的利潤。當數十年前，資訊經濟開始發展時，業界的夢想是擁有並經營某項專屬系統（一個其他人不能倣效的系統），然後財源自然會滾滾而入。如果你的系統明顯優於對手的系統，這在某種程度上仍然可行，至少短期內可以。目前華爾街經紀商普遍採用的「Bloomberg 終端機」即是一例。然而網路經濟給予開放系統普及性的獎賞，高於它給予封閉系統稀有性的。蘋果電腦的噩運是因爲它堅持將電腦系統視爲稀有資源；如今再重提這個論點，雖然已屬陳腔爛調，但事實確是如此。蘋果公司曾有多次機會可將它絕佳的使用者介面（我們如今都很熟悉的桌面及視窗設計）授權出去，但每次均作罷。最終導致它被相對而言較開放的MS-DOS及Windows系統遠拋在後。

在系統的草創階段，孤立者自可找到它的位置，但若要成長，就必須開放——因爲它可以開發出更大的財富。一九七〇年代，花旗銀行率先使用自動提款機，提供二十四小時的現金提領服務。它在紐約市各處安裝專屬的提款機，起初這個策略非常成功。較小的競爭銀行也依樣設置各自的、專屬的小型提款機網路，但它們無法與花旗銀行的高普及率競爭。然後，在 Chemical Bank 的領導下，這些銀行聯合起來，組成一個叫做 Plus 的開放型自動提款機網路。這個舉動帶進了 n^2 的力量。突然之間，你可以使用任何一台提款機。他們也邀請花旗銀行加入 Plus 網路，但花旗回絕了。在報酬遞增原則的作用之下，方便的 Plus 系統吸引了愈來愈多的客戶，很快便壓倒了原先獨霸的花旗銀行。最後，開放的因素迫使花旗放棄它的專屬系統，加入 Plus 網路。

每當封閉系統開放時，它開始更直接地與其他既有系統互動，因而取得這些系統的所有價值。

一九八〇年代中期，我是一個稱為 Well 的早期線上社區的參與者。你用數據機撥入 Well 的專線，一旦登入後，你可以聊天、張貼布告、寄電子郵件給任何人——但僅限於 Well 的兩千名會員。成立之後不久，Well 做了一次大躍進，將它的郵件服務開放給當時鮮為人知的網際網路。Well 的兩千多名會員現在可以寄信給成千上萬的大學教授或公司企業裡的電腦迷，所以在他們的眼中，Well 的價值突然向上竄升。數年後，Well 進一步開放它的系統，加入 ftp 的功能。它可以讓 Well 的會員抓取其他網際網路伺服器的檔案，也可以讓其他人抓取 Well 伺服器的檔案。Well 的價值又再次暴增。它只付出微小的努力，就獲得整個 ftp 網路的龐大價值。最終，Well 進一步地開放，允許使用者透過全球資訊網加入交談，因而取得整個全球資訊網的價值。

上述的每一步都有其代價。每加入一項服務，對環境的控制權便愈形降低、噪音增加、發生事故或因駭客而造成服務中斷的危險提高，也更需擔心這種經營模式可能崩潰。然而，很顯然地，一個全然封閉的 Well 很快便會死亡。

普及性的理念在於：建立一個儘可能讓多種系統及標準在其間流通的事物。如果一個事物碰觸到的網路愈多，就會變得愈有價值。

當某項發明、公司或科技所參與的系統數成等差級數增加時，其價值成等比級數增加。

普及性定律並不關乎宰制。一般企業的自利動機便足以保證全世界的每家公司，都會努力將它的產品或服務送進每戶家庭、每家商店。自古以來，普受歡迎便是企業的目標，但這不是網路普及性所要爭取的。

網路經濟是建立於豐富的機會之上。

誠然，每個新增的電子郵件地址都可以增加全世界所有現有郵件地址的價值（這是普及性的最主要效應），但這種價值上的增長是因爲電子郵件地址是一個機會的節點，並非因爲它是某種物品。電子郵件地址並不僅是用於交換備忘錄的方法；因爲它根植在網路中，所以機會同時流往數個方向。例如，一旦有人想到郵件地址可以輕易地歸檔（機會一），就會有人接著想到可以自動收集郵件地址（機會二），同時也可以大量寄發郵件到這些地址（機會三）。人們還可以根據地址所屬的網域，分析使用模式（機會四）。當你寫信給新的收信對象或對方的地址改變了，這些資訊也可以自動更新到通訊錄裡（機會五）。地址本身並不僅是一個名稱而已，它還可以包含其他可用來交換的有用資訊，譬如顯示你是一個個人或公司，你只有一個地址或擁有多個地址，或其他與你通信的人可能感興趣的資訊（機會六）。

將這類源源不絕的豐裕機會，拿來對照到任何工業時代的產品，像是電動鋸床、不褪色染料、木製桌椅，其意義就更爲清楚。這些工業時代產品雖然有的具備多重用途（椅子可以拿來踏腳或將門頂住，鋸床的馬達換接鑽頭後可用來鑽孔），但大多仍僅能用於原始設計的用途。這些工業產品不可能傾瀉出大量機會。所以即使椅子、染料和鋸床多到隨處可見，它們實體上的普及並不能改變世界多少。

傳眞效應的力量（亦即，新增的傳眞機可以增加所有現有傳眞機的價值）並不倚賴於松下、夏普或任何特定品牌傳眞機的大量流行。因爲許多傳眞是經由手提電腦或伺服器收發，根本不需使用傳眞機。這適足以說明普及性的力量是來自機會，而非大量的有形物質。

當機會滋長時，意料之外的用途便會浮現。一九七○年代晚期，伊朗國王將他的政敵何梅尼（Ayatollah Khomeini）放逐到巴黎。因爲伊朗國王控制了全國媒體，他認爲遠在法國的何梅尼無法接觸伊朗人民，挑起事端。然而同情何梅尼的伊朗教士卻出人意料地利用一項科技所提供的機會：錄音帶。每週，何梅尼在巴黎的朋友用廉價的錄音機，錄下他煽動性的演說，將拷貝僞裝成音樂帶，輕易地走私進伊朗。然

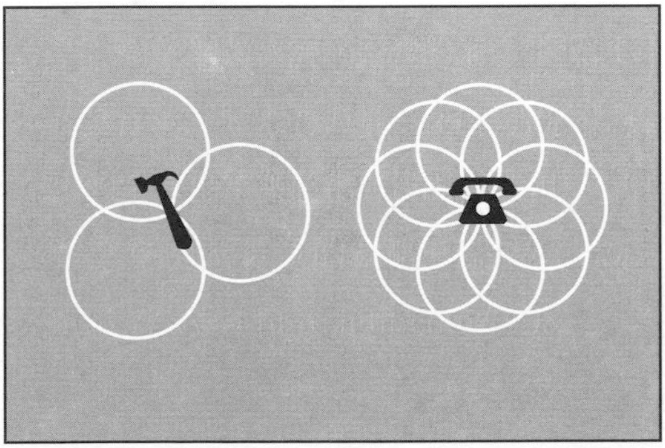

鐵鎚是少數幾個網路的一部分，電話則是許多網路的一部分。一項產品或服務所能加入的網路愈多，它就變得愈有力量。

後再用僅值兩百美元的翻拷設備大量複製，將錄音帶送到每座清眞寺。每個星期五，何梅尼的講辭都透過擴音器傳遍全伊朗。這些教士將非常普通的錄音機轉變成廣播網路。我相信沒有任何一位開發錄音帶技術的工程師，能夠想像到它會被用於廣播。正因爲電子媒體是由電子來驅動的，它極容易被轉化成新用途。

長途通訊公司 Sprint 最近推出月費制的行動電話費率——只要每月繳交固定的費用，你要打多少通行動電話都可以。這種費率推出數天後，Sprint 的行銷專家便驚訝地聽說有人用行動電話當「監聽器」，從遠處掌握嬰兒的動靜。家長會拿著行動電話到嬰兒房，撥號到廚房，然後讓線路一直通著。這就成了！

一項科技交互連結的程度愈高，它被使用及濫用的機會便愈高。

某些有史以來最好的電玩軟體是只能在 Commodore 64（簡稱 C-64）之類早期電腦上執行的優雅小程式。一九八〇年代初期賣出的數百萬台 C-64，絕大多數現在都在垃圾場裡。它們的記憶體小如跳蚤，而且缺乏硬碟空間，老早就被功能強大的麥金塔和ＰＣ取代。少數現在還能用的是當成收藏品來買賣。但在網路上，無人預料得到的一堆模擬器軟體塡補了縫隙。你可以將 C-64 模擬器下載到你的電腦。只要按一下滑鼠，它就能將你的高功能電腦變成低階的 C-64（或是另外二十五種老古董），讓你可以玩古老的「月之塵」或「小精靈」。這等於是按一下儀表板上的按鍵，就可將你的法拉利立刻變成金龜車。

這些科技的偏門用法是源自互動的普遍性。工業經濟的產物產生這類奇異、離譜用途的可能性極爲有限。相對而言，網路經濟則匯聚了許多亟待轉化爲新用途的商品與創意。的確，在網路裡，新機會通常是在既有機會已被攫獲後興起。成功地佔領某一利基的企業，至少立即爲別的企業製造兩塊新利基。舉例來說，永遠會有公司能在電子郵件上找到新商機；已經出現的怪點子愈多，能被創造出來的怪點子也愈多。濫寄郵件者與收件者之間的武器競賽才剛在起步階段。②

關於普及性定律，最精確的說法應是：在網路裡，你利用到的機會愈多，則新機會出現得愈快。

進而言之，當已被攫獲的既有機會呈等差級數增加時，新機會的數量將呈等比級數增加。藉由將每個東西連接起來，網路成爲一片沃土；它增加了潛在關係的數量，而從關係又可以衍生出產品、服務及種種無形事物。

一個獨立物件，不管設計得多好，它的新奇用途是有限的。一個連接起來的物件（亦即一個可以多種方式與其他節點互動的網路節點），則能產生上百種獨特的關係，這是當它單獨存在時辦不到的。從這些複雜糾結的可能關係中，便可產生創新與互動的無數新領域。

網路是一座製造可能性的工廠。

網路經濟中普及性的泉源實在太過豐沛，處理近乎無限多種的選擇以及不斷勃發的可能性或許是限制未來發展的因素。要能在持續擴張的選擇性海洋裡明智地航行，已經夠困難了。美國的超級市場通常提供三萬至四萬件產品；平均來說，購物者會停留二十一分鐘，從四萬種選擇中挑出十八件產品。這是相當驚人的決策能力。但若比起在網路上所發生的，這也就算不了甚麼了。網路上索引得到的網站有一百萬個，包含二億五千萬張網頁。若眞能從中找出你所要的網頁反倒是令人驚訝的事，而且網頁的數量仍每年倍增。因爲人類製造的產品數目只會不斷增加，所以如何對付這些豐沛的資源變得至爲重要。據估計，全球所儲存的資訊總量——包括所有書籍、影片及資料庫——約爲 2,000 petabytes。（1個 petabyte 是十億個百萬位元組，或 10^{15} 個位元組。）這可不是一個小數目。

普及性即將到達億兆之數（zillionics）的等級。我們可從數學計算得知，包含非常非常多組件的系統，其行為將迥異於包含少於一百萬個組件的系統。億兆數是最高度的豐裕，是擁有無數多個組件的狀態。網路經濟允諾我們無數多個組件、無數多個人造物、無數多份文件、無數多個自動程式、無數多個網路節點、無數多條連線，以及無數多種組合。億兆之數的現象常見於自然界，但罕見於出現未久的人造世界——地球上老早就有無數多的基因及有機體。生物系統知道如何處理億兆之數。我們處理這類高度充裕性的方法，必定得模倣自然界。

網路經濟是在普及性下運作的。它大量擴張物件的數目，輕易增加無形物的數目，迅速加乘連接的數目，並且創造了不可勝數的新機會。

策略

盡你所能，接觸愈多網路愈好　因為在網路經濟裡，一個動作的價值會隨著該動作所通過的網路數目而呈等比級數增加，你應該盡量接觸各種網路，愈多愈好。這就是普及性。你應該盡量增加從你、你的服務或產品中流出及流入的關係數。假設你的創造物一開始時仍毫無生氣，例如剛從工廠輸送帶送出來的門釘，網路經濟的工作便是將這釘子盡量連接上許多系統。爲了讓它適用於壓縮機系統，你依照壓縮機的標準尺寸來製作，好讓它可以裝入標準的氣壓式釘鎗。你給它一個SKU代碼，以便零售網路處理。你可能還會加上條碼，以便收銀機系統以雷射讀碼器閱讀。最後，你還可以加入一小片具備互動功能的晶片，讓它在門被破壞時發出警告，如此又能加入智慧住宅網路。你的門釘每多加入一個系統，便多提高一些價值。更好的是，因爲門釘的加入，這些系統及其成員的價值也跟著提高了。

這還只是一小根鐵釘而已。更複雜的物件和服務則能觸及遠多於此的系統和網路，因而大幅提昇它們自己以及所接觸到的系統的價值。

盡量爲他人創造機會　在生意（及私人生活）的每一方面，盡量讓你身邊的人能根據你的成功，來創造他們的成功。如果你開設一家旅館，你如何讓其他人（航空公司、行李箱零售商、導遊）也成爲你的網路的一部分？不要把他們對你的依賴當成是寄生，或者更糟的，當成是剝削。你要瞭解這種緊密的連結其實是生機。你應該引誘他人以你所吸引來的顧客爲對象來開創其他服務事業，或爲你的產品提供附加服務；如果你的產品是新穎的點子，甚至讓他們合法地模倣。乍聽之下，這似乎違背常理，但這正是運用了網路的邏輯。一小塊不斷擴張的餅，其實是最大的餅。軟體尤其易於表現出這個特色。

賣座電玩軟體「毀滅戰士」(Doom)的創造者刻意將軟體設計成容易修改。其結果：數百家電玩廠商發行遠優於原版的毀滅戰士改良版，但它們必須在毀滅戰士系統上執行。所以原版的毀滅戰士以及某些衍生產品一起大賣。軟體經濟充滿了類似的例子。許多協力廠商開發了試算表、文書處理器及瀏覽器的附掛程式，讓協力廠商及原始軟體的製造商同蒙其利。你只需用一點想像力就可以看出如何在軟體領域之外，利用借力使力的方法創造機會。當走到岔路時，如果所有條件都相等，優先選擇可以爲他人製造許多機會的那條路。

不要保護商品；要讓它們大量流通　複製任何東西的成本必定會繼續降低。因此，最主要的成本將是開發出第一件產品，然後吸引大眾對它的注意。你再也不需要保護大多數產品；相反地，應該解放它們，讓它們到處流通。姑且以藥品爲例，特別是生化基因工程製造的藥品：小藥丸在藥房裡的售價可能數百倍於它們大量生產時的製造成本，然而許多藥品賣得如此昂貴是爲了收回天文數字般的研發成本。藥廠將藥品當成稀有物來看待與定價。不過我們可以預期，將來當醫藥設計變得更爲網路化、更爲資料驅動(data-driven)③、更爲由電腦中介，而且當藥品本身變得更聰明、更有調適性、更具動態，競爭優勢將屬於那些願意讓藥品的「副本」充分流通的公司。舉例來說，某種高度演化的生化科技止痛錠，它的販售方式可能是只要付幾塊錢，就可以「拿到夠用爲止」。藥廠的主要獲利來源是：你可以付出高價，向他們訂做適合你的DNA及體質的止痛錠。一旦設計好了後，重新添補的價錢則所費無幾。事實上已經有數家新成立的生化公司是朝這個方向發展。這個領域稱爲「藥理基因組學」④。他們聽到了普及性的召喚。

避免專屬系統　封閉系統遲早必須開放，否則便會滅亡。如果某家線上服務必須撥一個特定的電話號碼才能進入，它的前途黯淡。如果需要特殊的裝置才能閱讀，它必定沒救了。如果不能與競爭產品共享它所知的，那它是輸家。封閉系統封殺了別人的機會，堵住他人借力的施力點。這是爲何傾向於普及的網路經濟，會繞過封閉系統。我們敢打賭，美國線上、WebTV及MSN（Microsoft Network）這三個或多或少封閉的系統最終會轉變成完全開放的網路，否則便是消失。「封閉／開放」的關鍵議題並不是私有與公共的對立，或是誰擁有了系統；私人擁有權通常可以鼓勵創新。關鍵在於他人能否輕易地發明某個東西，好進一步發揮你的發明。這裡的策略問題很簡單：擁有者之外的人是否可以很容易地投入來改良其系統、產品或服務？參與你的網路的機會是很多抑或很少？

不要訴諸稀有性　每個時代都會有些人看出新的稀有性，因而獲致龐大的財富。網路經濟中必定也存在稀有性，然而充分運用普及性所獲得的財富，將遠大於稀有性。要確定你是不是倚賴稀有性，問自己這個問題：倘若你的創造物四處流傳，它是否會興盛起來？如果它的價值只依賴少數人使用它，你就該依新規則來重新思考。

註釋

①譯註：一般而言，「專屬」（proprietary）係指由私人擁有、控制或決定。在電腦領域，當我們說某物爲專屬或封閉時，通常指的是它的技術規範爲私人擁有。「專屬」的同義詞是「封閉」，反義詞是「開放」。譬如，Internet 的技術標準都是經過公開的程序研擬和制定，它們的規範書可以自由流通，任何人都可以根據這些標準來開發產品或撰寫軟體，所以它們是開放標準。相對而言，雖然微軟公司公布了 Windows 的程式介面標準，但它可以隨時修改 Windows 的技術規範，也可以選擇性地將某些資訊保密，所以 Windows 是封閉系統。

②譯註：濫寄郵件者（spammers）及反濫寄者（antispammers）之間有著長久的鬥爭史。對於濫寄者毫不節制地亂寄垃圾郵件，反濫寄者最初的制裁手段是用大量的回信灌爆濫寄者的信箱。於是濫寄者開始以假名、假地址發信；但即使如此，反濫寄者仍可以根據郵件，找出發信來源，要求對方的管理人員停掉濫寄者的帳號。

接著，濫寄者開始經由第三者的伺服器來發信（利用這些公司在伺服器設定上的漏洞），徹底隱藏自己的身分。針對這點，反濫寄者則建立「即時黑洞名單」（Realtime Blackhole List，縮寫作RBL）以爲反制。只要有任何公司或線上系統的伺服器寄出垃圾郵件，不管它是不是無辜的第三者，一律被列入這份名單。認同他們理念的系統管理者，可以將系統設定成拒收名單上的公司發出的所有信件。舉例來說，曾經有人經由ＡＯＬ寄發垃圾郵件，導致ＡＯＬ被列入名單，當時所有ＡＯＬ使用者的電子郵件都遭到ＲＢＬ的支持者拒收。藉此，他們可以逼迫這些公司修改伺服器的設定，封殺濫寄者盜用他人系統的機會。這種作法雖然非常有效，但也因爲「濫殺無辜」而時常引起爭議。

於是有人提議建立一套「退出系統」(opt-out system)，不想收到垃圾郵件的人就去登記退出，濫寄者則在寄信時避開退出名單上的人。但反對者認爲應該採取的是「加入系統」(opt-in system)——願意收垃圾郵件的人主動登記加入，濫寄者只能寄信給名單上的人——而非退出系統。有些人更因爲濫寄者長久以來屢屢食言，根本懷疑他們的動機，認爲退出系統只是他們騙取郵件地址的另一花招。這兩種不同做法的支持者迄今仍然針鋒相對。

③譯註：「資料驅動」，指需要等候資料輸入後，才能繼續進行後續動作的程式或系統，譬如電話語音查詢或訂位的執行方式即屬於資料驅動。

④譯註：藥理基因組學 (pharmacogenomics) 是研究個人的基因構成及其對藥物反應之

間相互關係的新興科學。由於相同的藥物用於不同病患所產生的效果可能迥異，有時甚至會有反效果，藥理基因組學期望藉由對基因組的研究，來找出適合每一病患的治療藥物。

規則 4

免費比利潤重要

網路獎勵慷慨的人

1960 年代初期，真空管大行其道，

生產一個真空管的成本只要 1.05 美元。

當時，費爾柴半導體公司要生產一個早期的電晶體的成本則是 100 美元。

他們預期：隨著銷量的擴張，成本一定會鉅幅下降。

但是在那之前，他們必須先把售價鉅幅拉降下來。

於是，他們第一個電晶體的報價就是 1.05 元，

即使他們根本還不知怎麼做到這一點。

費爾柴創辦人之一桑德斯後來回憶：

「我們要在一間尚未建造的工廠，使用尚未開發出來的製程

來生產這種晶片……我們賣的是未來。」

最好的東西會愈來愈便宜。這個原則如此深入我們的生活形態，以致我們習以爲常而毫不覺得驚訝。但我們確實該覺得驚訝，因爲這個弔詭正是新經濟的主要推動力。

在工業時代之前，對於價格略高一些的產品，消費者只能期望它的品質也略高一些。多年下來，始終是改良的產品價格較高。但隨著工業時代自動化和廉價能源的來臨，製造商可以倒轉這道方程式了：以更低的價格提供更佳的品質。汽車是從一九〇六年開始生產的，短短四年後的一九一〇年，汽車的平均價格已經降低了二十四%，品質則提昇了三十一%。到了一九一八年，一般汽車的價格已是一九〇六年的五十三%，效能則提高一倍。「愈好反而愈便宜」的魔法於焉開始。

微處理器的到來更加快了這魔法。在資訊時代，消費者很快就習於下述現象：隨著時間推進，急遽降低的價格反而可以得到急遽提昇的品質。如果有人向你徵詢購物訣竅，最明智的建議是：愈晚愈好——他們應該將購買消費性商品的時機，拖延到眞正要用之前六十秒鐘。確實，有位運輸專家告訴我，現在幾乎沒有任何資訊產業的產品是用海運的；全部都用空運，以免產品在運送途中就跌價了。

因爲價格跌落已是確切不移的現象，經濟學家已經繪出了跌價的曲線圖。商品（不管它是鋼鐵、燈泡、飛機、花盆、保單或麵包）的製造成本會成爲在時間軸上，隨著單位總數增加而降低的函數。某一產業生產愈多，愈能學會如何生產，成本也就下降愈多。這種由組織性學習所推動的下降曲線，有時稱爲學習曲線（learning curve）。雖然各產業的曲線略有差異，一般而言，當某項產品的總產量加倍時，平均單位成本會下降二十%。

聰明的公司可以期待這道學習曲線出現，非常聰明的公司可以藉由各種增加產量的方法來加快曲線。因爲報酬遞增可以呈等比級數地擴張產品需求（讓總數在數月之內加倍），所以網路效應正可以推動價格急速滑落。

電腦晶片進一步地強化了學習曲線。更好的晶片降低所有工業製品（包括新的晶片）的成本。工程師借助於電腦，直接或間接地改良新型的電腦，加快晶片的生產速度，引導晶片的價格下降，因而加快所有商品跌價的速率。良性的循環就此建立。

網路充斥了反饋迴路。由於衆多的人與機器都在層層相疊的反饋迴路裡交互連結，因此形成良性循環。一、二、三、四，這些因素合併起來，更可以得到加乘的效果。

■知識的擴張使得電腦更聰明。

■當電腦變得更聰明，我們將它的智力應用到生產線，降低產品（包括晶片在內）的成本，並且提高良率。

■更便宜的晶片降低了建立高競爭力企業的成本，它所帶來的競爭及知識散播可以更進一步降低價格。

■廉價生產的製造技術迅速傳遍整個產業，它又回過頭來協助造出更好、更便宜的晶片和通訊工具。

這種良性循環貪婪地自我滋養。不斷強化的晶片，力量大到任何被它碰觸到的東西——不論是汽車、服裝、食品——都爲之披靡。所有商品的價格都在下跌，品質都在提昇；而且不是漸進地，而是石破天驚地。舉例來說，在一九七一年至一九八九年之間，標準十七立方呎冰箱的售價降低了三分之一（依實際金額計），省能效率提高了二十七％，而且還多了製冰之類的功能。一九八八年，行動電話在無線電屋（Radio Shack）的訂價是一千五百美元；十年後，更佳的機型只要兩百美元。

我們所目睹的產品價值提昇，大多得歸功於晶片的力量。但在網路經濟裡，不斷縮小的晶片遇見爆發中的網路，遂創造出財富。就像以前沿用加乘的知識來促成微處理器革命，我們正沿用相同的放大迴路來促成全球通訊革命。我們現在可以駕馭網路通訊的優點，直接或間接地創造更好的網路通訊。當品質以這樣的方式自我滋養，我們見證了斷裂性的變革——在此，其結果是：新經濟。

微處理器自從在一九七一年誕生起，它的價格幾乎一路直線下跌。這種價格遽跌的現象依英特爾的戈登・摩爾（Gordon Moore）而命名為「摩爾定律」。摩爾第一個觀察到每一塊錢所能購買的運算能力，呈現驚人而持續的成長。摩爾定律認為，每十八個月電腦晶片的價格將減半，亦即等值條件下所購買的運算能力將倍增①。如今，電子通訊即將經歷與電腦晶片類似的價格急跌——不過會更為劇烈。網路的價格曲線可依喬治・吉爾德（George Gilder）而命名為「吉爾德定律」。吉爾德是一位激進的科技理論家，他預測在可見的未來（十年之內），通訊系統的總頻寬將以每年三倍的速率成長。②

不斷提高的通訊能力，加之不斷縮小的網路節點及急跌的價格，使得吉爾德相信頻寬終將免費。他的意思是傳送每一位元的價格將會跌落到近乎零，而不是打電話不必付費。因為價格降低，所以我們傳遞的位元更多，最後每個月支付的通訊費用應該仍會維持不變。

因為每個位元的成本降至極低，所以對消費者而言，等於單位成本近乎免費。它的變動遵循所謂的漸近曲線（asymptotic curve）——價格點永遠向零靠近，卻不會眞的到達零。它就像齊諾（Zeno）的烏龜：每向前一步，與目標的距離就少了一半，卻永遠無法跨過目標③。漸近曲線的弧線與此類似，它幾乎已和代表免費的X軸平行，彷彿像是眞的免費一樣。

因爲價格勢必近乎免費，網路經濟體系中的最佳策略是預期這種廉價性。

在新經濟中，廉價商品的到來是如此確切，能夠預期它的發生便能致富。藉由廉價致富的最佳例證，當推開啓資訊紀元的「大霹靂」——半導體的誕生。

一九六〇年代初期，費爾柴（Fairchild）半導體公司的創辦人，諾斯（Robert Noyce）及桑德斯（Jerry Sanders）供應軍方一種稱爲1211的早期電晶體。每顆電晶體的成本是一百美元。費爾柴希望能將這種電晶體賣給美國無線電公司（RCA），供超高頻調頻器（UHF tuner）之用。當時RCA使用一種神奇的眞空管，每個僅需一．〇五美元。諾斯及桑德斯將他們的信念押在學習曲線造成的價格陡降。他們知道當產量增加時，電晶體的成本必會下降，甚至可降至百分之一。但要做成他們的第一筆商業交易，即使尚未生產，也得把售價立即壓低。所以他們大膽地預期未來的低廉成本，從一開始就將1211晶片的售價訂在一．〇五美元；當時他們甚至還不知該如何辦到。桑德斯後來回憶：「我們要在一間尚未建造的工廠，使用尚未開發出來的製程來生產這種晶片，但權衡的結果是：次週我們就提出一・〇五美元的報價。我們賣的是未來。」而他們成功了。藉由預期廉價成本，他們達成一・〇五美元的目標，取得九十％的UHF市場佔有率，然後在兩年內將 1211 晶片的售價砍到五十美分，而且仍有利可圖。

在網路經濟，邁向免費曲線的並不僅是晶片和頻寬。「運算」也是。若以每秒每元可執行多少百萬次運算爲衡量單位，運算的成本趨近免費。交易成本同樣向零滑落。資訊本身（如頭條新聞及股價訊息）亦然。舉例來說，即時股價訊息曾經是高價的業內資訊，最近這類資訊已經普及到必需遵守股價顯示的「格式」，以確保各種瀏覽器均能讀取。

確實，所有能被複製的物品，不管是有形或無形的，都謹守反向定價的原則，隨著品質的改良而愈來愈便宜。

儘管汽車永遠不可能免費，每公里的行駛費用卻會朝向免費滑落；持續跌價的是每塊錢所能購買到的汽車功能（載運人員和物品）。這項區別至爲重要。因爲當功能的成本趨近於零時，實際花費的金額卻可能維持不變，甚至可能激增。因爲便宜，我們可能更常旅行，遠多於以往。因爲電腦運算的成本降低，我們可能會多消耗億兆次運算。對於想要獲利的廠商，它們必須預期這種單位成本的廉價性。

試以通訊爲例。不限時數、但也無特殊功能的老式電話服務，很快將幾近於免費。但當消費者用多了這種近乎免費的服務，他們很快會要求增加功能或昇級成豪華服務。首先是每個房間都裝上一線電話。然後你的車子也有電話，甚至是兩線。然後你申請了行動電話。然後你的每個家人都有行動電話。然後是電話祕書服務。然後是轉接、插撥及來電者號碼等功能。然後是傳眞及數據機專線。然後所有周邊設備及器材都有專線。然後是收銀機和信用卡讀卡機的特殊線路。然後是保密線路。然後是ＩＳＤＮ和ＡＤＳＬ線路。然後是來電者號碼阻絕功能④。然後是垃圾電話阻絕。然後是自選電話號碼（vanity phone number）。然後是可攜式個人號碼。然後是語音郵件分類。

電話傳輸的疆界不斷擴張。電話剛發明時，大家曾經非常疑惑它到底有何商業利益。有人認爲它可用來將音樂傳送到住家。但即使是最具野心的推動者，也不會想到在自己家

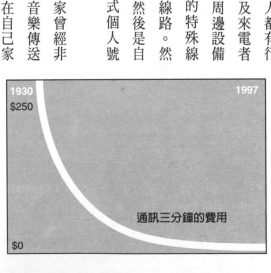

吉爾德定律認爲每位元通訊成本的降低速率將會愈來愈快，最後每通電話費（或每位元的傳輸費用）將成爲「免費」。

裡裝上五線電話（我現在就是）。擁有汽車電話及知道來電者號碼的欲望是間接地由科技本身製造出來的。

科技創造需求，然後滿足需求。

這和任何一本經濟學課本一開頭所介紹的供需觀念極爲不同。傳統的供需曲線傳遞了一項簡單的原則：當某項資源消耗後，它的製造成本會變得更貴。舉例來說，挖掘金礦時，最先發現的是較容易開採的（較便宜的），但若要讓人願意從二十五噸的礦石中找出微粒黃金，這就得要有較高的金價來當誘因。所以，當價格提高時，潛在的供給便增加，供給曲線上昇。相對來說，傳統理論對需求的理解是：供給愈多，需求就愈疲弱。假設你在週一至週三都吃龍蝦，那麼你在週四再吃龍蝦的意願便會較低，只願爲它花較少的錢。所以，當產品的供給充裕時，價格便會下跌，需求曲線下降。

在新秩序裡，由於普及性定律加入，而且免費現象接掌

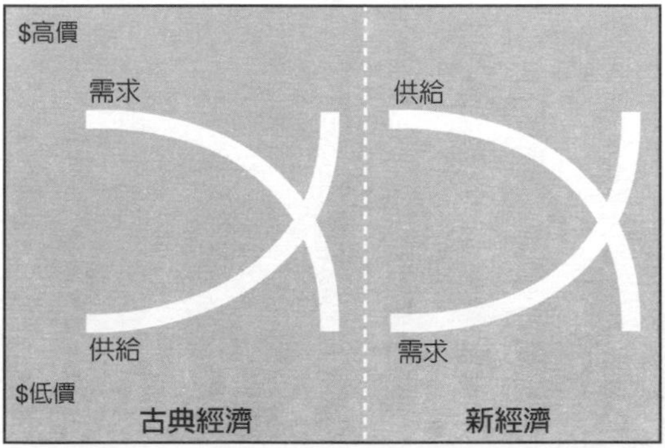

在傳統的經濟學裡，唯有在產品的價格提高後，供給才會增加；在新經濟裡，供給會隨著價格的降低而增加。

大局，所以這兩條曲線都顛倒過來。麻省理工學院的經濟學者保羅・克魯曼（Paul Krugman）指出，整個網路經濟的理念可以化約成如下的觀察：「在網路經濟，供給曲線的坡度是向下降，而非上升；需求曲線則是上升，而非下降。」某項資源用得愈多，對它的需求便愈多。供給面也呈現類似的翻轉。再加諸學習曲線的效應，某項產品如果生產得愈多，便愈容易大量生產。教科書的傳統圖表被顛覆了。

當供給曲線呈現指數性的竄升，而需求曲線進一步滑落時，新的「供需翻轉」(Supply/Demand Flip）暗示了兩道曲線將會交錯於愈來愈低的價格點。我們可以從產品及服務的價格趨近免費來印證這個現象。但隱藏在曲線之間的是一項極其重要的驚奇。推動供給和需求的已不再是資源稀有性和人性欲望；如今推動這兩者的是一個單一的爆炸性力量：科技。

知識和科技的加速擴充，既推升了需求曲線，也壓低了供給曲線。一股非常強大的力量同時推動雙方。

我們很容易察覺科技壓低價格的實效。就像本章開頭所說的，價格滑落的現象其實行之已久，只是到了最近才加速。這個趨勢的結果大家都很清楚：降價處處可見，消費者欣喜若狂。但企業如何在這個不斷跌價的世界獲得利潤？答案在供給。科技和知識推升需求的速度要比壓低價格來得快。而需求和價格不同，並沒有門檻值來限制它。人類需求和欲望的幅度只受限於想像力，換句話說，等於毫無止境。運輸成本掉落得愈快，便有愈多更好的品質、服務與創意加入到汽車、飛機和火車之中，提高它們所滿足的「需要」的品質。

長此以往，任何產品都會越過反向定價曲線的陡降點，滑向趨近免費的谷底。當網路經濟逐漸擴散出去，所有製成品（從行動電話到沙發）都會比以前更快速地滑下這道價格遞減的斜坡。

於是，我們的任務是創造新的產品，好將它們推下跌價斜坡。換言之，在商品和服務平價化之前，發明更新的商品和服務。

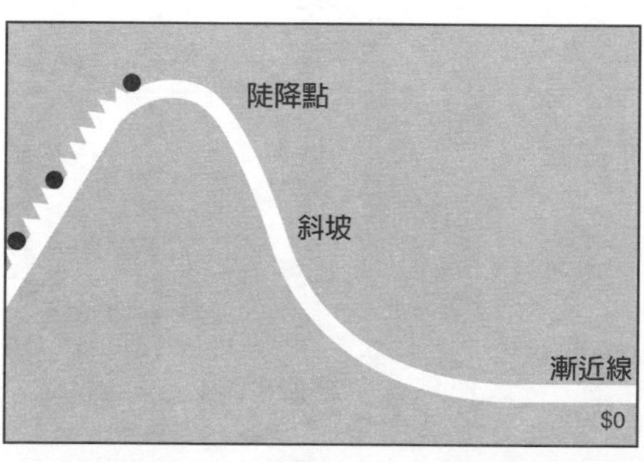

任何可複製的產品，其價格將趨近於零（亦即免費）。即使費用不會真的變成零，它會以漸近曲線來趨近免費。

這在網路經濟之中更容易辦到。因爲理念的交錯、關係的連結、結盟活動的活躍，以及產生新節點的迅捷速度，這一切都有助於新商品和服務的持續產生。

我們將更快速地創造新商品和服務，就好像它們是短期的泡沫。因爲我們無法阻止泡沫破滅，只好學會製造更多的泡沫，而且要更快。

如果商品和服務因爲更普及而變得更有價值，而且因爲更有價值而變得更低廉，那麼我們自然可以從這個邏輯推論出，最有價值的東西應該是那些免費而且無所不在的。

普遍性（ubiquity）推動網路經濟中的遞增報酬。因此問題是：若要達成普遍性，甚麼是最划算的方式？答案是：大量贈送出去，不收錢。

的確，我們看到新經濟的許多具有創造力的公司都遵循免費原則。微軟贈送它的網路瀏覽器軟體 Internet Explorer。網景（Netscape）不但贈送瀏覽器軟體，甚至還公開原始程式碼。Qualcomm 公司免費提供 Eudora（一種極受歡迎的電子郵件軟體），以便從銷售升級版來獲利。年營業額八十億美元的出版商 Thomson，將它珍貴的高價財經資料公布在網路上。McAfee 每個月送出大約一百萬套防毒軟體。當然還有免費公開 Java 語言的昇陽（Sun Microsystems），藉此推高它的股價，創造出了開發 Java 應用軟體的迷你產業。

你能否想像在一九四〇年代，一位年輕的企業主管告訴董事會，他最新的想法是將公司的唯一產品免費送出前四千萬套（這正是五十年後網景的作法）？不問可知，他一定立刻被開除。

但現在，贈送產品已成爲一項建立在網路新規則之上、行之有效且理性的銷售策略。因爲加乘擴充的網路知識翻轉了價格，第二套之後的成品（不論有形或無形的）的邊際成本幾乎等於零。網景大約花了三千萬美元才將第一套 Navigator 送出門，但隨後每一套的成本不到一美元。由於每一套新賣出的 Navigator，都可以增加所有先前產品的價值，而又因爲產品孳生的價值愈高，消費者的購買欲便愈高，所以一開始就免費贈送，是合乎某種奇怪的經濟學原則的。一旦奠立產品的價值及不可或缺性，公司便可以銷售周邊服務或升級版本，並繼續它的慷慨行爲，好將更多的消費者帶進良性環循。

可能會有人反駁，這種可怕的動力學只適用於軟體，因爲現在軟體可以透過網路來流通，它的邊際成本已經趨近於零。然而「遵循免費原則」是一項普遍律。即使是硬體，一旦連上網路，同樣也遵循這項定律。電話公司贈送手機以促銷行動電話服務。我們可以預期衛星電視 DirecTV 也會因爲同樣的理由而贈送衛星天線。任何產品，只要連線後的利益超出逐漸減少的複製成本，便適用這項原則。

雖然聽來像是怪話，但在遙遠的未來，幾乎任何產品都會免費贈送（至少贈送一段時間），包括電冰箱、雪屐、雷射投影機、服裝，任何你想得到的。等到這些物品都嵌上了晶片及連線裝置，因此可傳遞網路價值之時，這種情形便會發生。

有一個問題自然會浮現：營利企業要如何在如此慷慨的世界生存？以下三點將有所助益。

第一、將「免費」當成定價的設計目標。因爲有一股力量將商品推向免費（價格趨近於免費），即使無法眞正免費，它也會讓系統看來像是如此。極爲低廉的費率所達成的效果與免費相同。

第二、免費提供核心產品，周邊服務則收取高額費用。因此，昇陽贈送 Java，以協助銷售伺服器電腦；網景將瀏覽器交到消費者手中，以協助銷售伺服器軟體。

第三、同時也是最重要的：遵循免費原則，把它當作是達成完全免費這項最終目標的演練。這時，經營生意的方式是預期產品價格將會趨近於零，然後就先模擬運作，彷彿現在所製造的產品也是免費的。於是，雖然 Sega 遊戲機並非免費，但 Sega 卻是賠本銷售來搶佔市場，藉此以加快抵達他們的最終目的地——在網路經濟中免費贈送。

另一個檢視這種效應的方式，是從消費者的注意力來觀察：

在一個充裕的世界裡，唯一會匱乏的因子是人們的注意力。

誠如諾貝爾經濟學獎得主赫伯・賽門（Herbert A. Simon）所云：「資訊所消耗的是甚麼？答案相當明顯：它消耗接受者的注意力。因此資訊上的富有造成了注意力的貧窮。」面對經濟所呈現的數百萬項創新與機會，人們所能提供的注意力卻有每天二十四小時的絕對限制。贈送商品則可攫取人們的注意力或是品牌認同，而這可以導致市場佔有率。

從反方向來看，遵循免費的原則同樣有效。如果增加產品價值的方法是免費贈送，那麼目前免費的許多東西應該包含了尚未察覺出的潛在價值。只要追蹤免費的足跡，我們就可以預期在邊疆湧現的新財富。

在全球資訊網的草創時代，爲這片未知領域所編製的最初幾份索引，都是由學生完成，並且免費提供。這些索引協助人們將他們的注意力集中在數千個站台中的少數幾個。爲了能將注意力吸引到他們的站台，網站編輯也協助編製索引的工作。由於是免費的，所以這些索引非常普及。這種普遍性立即使得它們變得有價值（也讓它們的股東發財），並且促成其他許多網路服務蓬勃發展。

哪些目前免費的東西會在將來引進龐大價值？哪些目前的慷慨會帶來財富？這些線上候選人的入圍名單應該是：摘要、指南、目錄、常見問題集（Frequently Asked Questions，縮寫爲FAQ）、網路即時攝影機、首頁廣告，以及各種自動程式（bot）。這類東西目前都是免費，但總有一天圍繞在它們周邊提供附加服務的公司將可獲利。摘要、指南和目錄都不是瑣碎的功能。在工業時代，《讀者文摘》是全球讀者最多的雜誌；《電視指南》（*TV Guide*）的利潤高於它所介紹的美國三大電視網；再說到解答目錄，《大英百科全書》最初是由業餘者所撰寫的文章纂集而成的——就好似今天線上的常見問題集一樣。

但是從特例用途轉變到商業化量產的過程不可躁進。你必須透過分享才能達成普遍性。

逐漸地，我們看到愈來愈多科技正在穿越原始商業階段。大批人員耗費數百萬小時的集體努力，聯合製作出數十萬項產物，但完全不涉及牟利。整個社會都在遵循免費原則！很久以前，作家劉易士・海德（Lewis Hyde）將這稱為「禮物經濟」。禮物經濟的中心任務是維持禮物的流通。藉由人情債、以物易物與純粹的慈善，禮物不斷交流並且製造快樂和財富。

早期的網際網路及全球資訊網充斥著極強大的禮物經濟。文件、專業資訊（如常見問題集）及服務（網頁設計）都互相交換，慷慨分享，乃至乾脆捐出。大家彼此交換資訊，贈送內容，交流程式碼。頗長一段時間裡，禮物經濟是在網路上取得東西的唯一方法。在全球資訊網的最初一千日，數十萬名網站編輯建立了四十五萬個以上的網站、數千個虛擬社群以及一億五千萬張網頁，並且多半是義務的。而全世界約有三千萬人造訪這些原始商業站台，其中有五十％天天上網，平均每天在線上約十分鐘。不管你用何種標準來衡量，這都算是極其成功。在過去，沒有任何新興媒體在初期成長階段即享有此番榮耀。

談到慷慨、趨於免費的資訊，以及虛擬社群，企業人士不免斥之為年輕人的新時代理想主義。這或許是理想主義，但同時也是在這新興空間建立商業經濟的唯一明智之舉。全球商業網路（Global Business Network）的史都華・布蘭德（Stewart Brand）說道：「網路目前缺乏明顯的商業模型，其實這正是它的主秀。」

當新經濟的某一部門通過原始商業階段，它的對立面便是「草原的悲劇」（the tragedy of the commons）⑤。公共牧草地的悲劇是沒有人願意維護那支撐整個社群生計的社群草原。而在這似乎先於網路商業活動的「遵循免費」經濟，因爲無人可以獨立謀生，所以每個人都得照顧這公有的草原。這是「草原的勝利」，在其中，絕不遜於任何商業軟體的精密軟體，都是免費撰寫、除錯、支援及修訂的。

設置網站時最常用的軟體是 Apache。它不是網景、微軟或任何公司出售的產品。Apache 佔有網站伺服器四十七％的市場（微軟佔二十二％，網景佔十％），卻是由一群志願者所撰寫和維護，並且免費送出。如麥當勞之類的許多商業網站也使用 Apache。因爲「草原的勝利」嘉獎一個完全開放的產品，所以 Apache 變得愈來愈好：任何人都可以取得 Apache 的程式碼，並且改良它⑥。昇陽的首席科學家約翰・蓋吉（John Gage）說：「如果你把程式碼送給每個人，大家都會變成你的工程師。」

網路伺服主機最常用的作業系統同樣不是任何公司出售的產品，它是一個叫做 Linux 的作業系統。Linux 是一種可以在個人電腦上執行的 Unix 作業系統，原先由李努斯・托渥茲（Linus Torvalds）所開發，並且完全公開。就像中世紀建造大教堂一樣，數百名軟體工程師奉獻他們的時間和專長，來改良及增強 Linux，並讓它維持免費⑦。除了

Apache和Linux之外，還有許多免費的套裝軟體（如Perl和X-Windows）是由一群軟體工程師來維護。這些工程師得到的報酬不是金錢，而是用錢也買不到的好工具，是他們可以隨自己的意思來修改，以達到最佳效能的工具，是比他們獨自撰寫還要好的工具，同時也是可以增加網路價值的工具，因爲它們是自由流通的。

網路上提供數萬種免費軟體，幾乎任何你想像得到的用途都有。這種稱爲共享軟體（shareware）的運作模式很簡單：免費下載你想要的軟體，試用後如果滿意，寄些錢給它的開發者。數十位創業者已經使用這種原始商業的銷售方法賺進百萬美元。逐漸地，草原的勝利將壓倒正統的商業模型。

誠如布蘭德所云，在新興網路上的主秀就是它在極度充裕之中，缺少商業模型的目前狀態。網路上的競逐者可以用禮物經濟，來演練遵循免費及預期廉價等原則。這也是形成一個全新商業模型的方法。再者，原始商業階段也是將創新迅速推昇到「超高速檔」的一個途徑：換言之，它加速創新，而且是極端快速地加速創新。暫時從得在下一季見到盈餘的束縛中解脫出來，然後那更大的網路便能夠探索無限多種從未嘗試的理念。某些理念甚至可以在移植到實際商業後存活下來。

最近難得有哪個（愚蠢的）軟體廠商不使用某種形式的測試版，來將它的產品引介到免費經濟的市場。早在五十年前，散發未完成產品的觀念（以期使用者協助完成它）必定會被視為懦弱、低級或笨拙。但在新秩序之中，這種前商業階段的作為是英勇、精明且強力的。

散發未完成的「瑕疵」產品並非削減成本的絕望舉動；當消費者比你還聰明時，這是完成一項產品最睿智的方法。

原始商業狀態以及草原的勝利正在邁向優勢地位。愈來愈多的網際網路公司在仍未獲利前，就將股票公開上市，這當然有其原因。投資者購買具有原始商業價值的公司的股票。舊派人士視此為貪婪、投機與誇大不實的表徵。但它點出了一點：禮物經濟的許多構成要素——注意力、社群、標準及共享的智慧，必須在實際商業化有機會展開之前先站好定位。禮物經濟是網路經濟絕妙動能的預先排演。

策略

你可以送甚麼出去？ 這是本書最具威力的一個問題。你可以用兩種方式來處理這個問題：如果並不真的將產品售價訂為零，你能做出來最接近免費的東西是甚麼？或者，以著眞正慷慨的開明姿態，想出如何贈送某些眞正有價值的東西，而且根本不求金錢上的回報。若能聰明地追求任一種策略，其結果必然相同。網路自會放大禮物的價值。但贈送產品並不必然容易辦到；你必須送對禮物，而且選對時機。要找出該送甚麼，請考慮以下問題：

■贈送的免費產品是否只是愚蠢的小惠，像是麥片盒裡的玩具？除非禮物對你的商業極具關鍵，否則毫無力量。

■這項免費產品所流入的良性循環是甚麼？它是不是你最想要放大的迴路？

■長期而言，消費者毫無保留的支持，會比他們付出的固定金額還要有價值。如果一開始其中並未涉及金錢的流動，你如何在最後俘獲他們的支持？

每個組織至少保有一項可以釋放到「免費國度」的產品（或潛在產品）。這通常是帶來麻煩的想法，特別是涉及它的價格：它應該是每分鐘六十九．五〇元，抑或是每盒六．五〇元？答案有時候是：它應該免費。即使這個想法絕不可能實現，我的經驗是：單僅考慮免費這項行爲，即可以彰顯各種原先看不到的獲利性質。「免費」長久以來被視爲價格點的一項禁忌。或許因爲它已被禁止，只要認眞考慮免費的可能性，許多垂得很低的果實正等候你摘取。

把你的產品或服務當成免費　雜誌出版商便是如此。雜誌訂價幾乎不敷印製成本，於是出版商把它視爲免費(有些確實是用送的），他們是靠廣告來賺錢。趨勢專家艾絲特・戴森（Esther Dyson）說：「立即將開發成本認列損失的內容製作者（就好像這些內容毫無價值一樣），永遠會贏過那些無法想出如何彌平成本的製作者。」⑧像Cendant之類量販店的會員,也可以購買「形同」免費的商品。Cendant以接近製造成本的價格來「贈送」商品，就像是免費一樣。它的利潤並非來自銷售物品給會員（他們得到不可思議的零售價格)，而是來自每年四十美元的會費。

投資在第一件成品　只有第一件成品是具有龐大風險的，第二件之後都將趨近免費。但第一件的費用將愈益昂貴，也愈需龐大的資本。因此戈登・摩爾提出了摩爾第二定律：雖然晶片的製造成本每十八個月會減半，但晶片的研發成本每三至四年會倍增。各類複雜產品的研究、設計及製程規劃等的前期投資，佔預算的比重極高，其後的製造成本則逐漸降低。

預期廉價　如果你的產品成本降到只有目前成本的三分之一，你該怎麼辦？它們很快就會降到這個地步，所以務必建立一個能夠辨認這種趨勢的模型。

關掉碼錶，改收入會費　定額會費或月費是一種「形同免費」的收費方式。雖要付費，但沒有碼錶在跑。有時公司會濫用這種策略（像是有線電視），有時則是消費者在濫用（像是AOL）。定額費用可算是一種訂購類型。訂購（subscription）是雜誌、戲院等軟體世界行之有效的工具。訂購模式能否套用到舊秩序下的實體商品，像是食品？訂購食品其實並不奇怪，四十年前訂牛奶是極普通的事。此外，麵包、啤酒等食品也可以訂購。訂購傾向於強調及販賣某些無形的價值：規律、可靠、優先服務及實在，它會在「形同免費」的領域裡運作良好。

周邊市場才是市場　軟體免費，但使用手冊要賣一萬美元。這不是笑話。位於加州陽光谷（Sunnyvale）的 Cygnus Solutions 公司藉由提供 Unix 一類免費軟體的技術服務，每年營收達到二千萬美金。Apache 雖然免費，但你可以向 C2Net 購買服務和升級。據艾絲特·戴森指出，儘管 Novell 公司銷售網路軟體，但那不是他們主要的收入來源，「Novell 眞正銷售的是它認證合格的 NetWare 工程師、講師與系統管理者，以及下一版的 NetWare」。某家教育軟體公司的主管承認，客戶服務是他們重要的收入來源。他們的主要市場是他們旗艦軟體的周邊產品，那是它們可以藉由服務客戶的機會來推銷的。

明確鎖定哪些價值目前是免費送出的，然後緊步跟上　下一個網景、下一個雅虎

（Yahoo!）或是下一個微軟已經開始營運，而且正在贈送它們的產品。找出它們，追隨它們的脚步。看看是誰在使用這些訣竅：只收周邊服務的費用、形同免費的行爲、會員制，或是根本就是慷慨贈與。如果他們運用免費原則來營造網路效應，則他們是你眞正要找的人。

註釋

①譯註：自從費爾柴於一九六一年製造出第一批量產的積體電路（即晶片）後，晶片的製造技術即持續飛速成長。一九六五年時，戈登・摩爾觀察晶片的發展趨勢，預測半導體廠商在晶片中所能放入的電晶體數量，每年可以增加一倍。此即是「摩爾定律」。這種發展速度一直維持到一九七〇年代晚期，才延長爲每十八個月增加一倍，但此後即維持這個速率，迄今不變。

因爲在晶片中放入的電晶體愈多、電路愈複雜，則晶片的功能愈強、運算速度愈快。再加上晶片的製造成本，並未與電晶體的數目成等比例增加，這些因素加乘起來，便使得電腦產品的價格不斷降低，但功能卻不斷增強。

②見吉爾德的"Fiber Keeps Its Promise"，發表於一九九七年四月出版的*Forbes ASAP*。

譯註：見網址 http://www.seas.upenn.edu/~gaj1/promise.html。

③譯註：作者在此指的是古希臘哲學家齊諾（Zeno of Elea）提出的二分法悖論。二分法悖論的一種說法是：假設我們要從甲地走到乙地，首先必須走到兩地的中點，然後再走到兩地中點與乙地間的中點，如此一再反覆。如果空間可以無限分割，那麼我們永遠可以找出未完成距離的中點，因此永遠走不到乙地。

④譯註：「來電者號碼」（caller ID）是美國某些電話系統所提供的服務。如果電話用戶購買了這項服務，當有電話打入時，話機上的螢幕會顯示來電者的電話號碼及姓名。電話用戶可以利用它來過濾電話。這項功能雖然方便，但也造成注重隱私權者的疑慮。所以電話公司也允許用戶設定在撥話出去時，不要將電話號碼告訴對方，這種功能稱爲「來電者號碼阻絕」（caller ID blocking）。

⑤譯註：作者在此是借用社會學家賈瑞特．哈定（Garrett Hardin）於一九六八年提出的概念。「草原的悲劇」（the tragedy of the commons）意指一個村落共有的牧草地，因不屬於任何人，人人皆可放牧，結果在唯恐別人過度放牧的情況下，人人都過度放牧，造成牧草地終於變成一片光禿。關於「草原的悲劇」的線上資源索引，可以參閱 http://members.aol.com/trajcom/private/trajcom.htm。賈瑞特．哈定的原文“The Tragedy of the Commons”可參閱 http://dieoff.org/page95.htm。

⑥譯註：Apache是一種HTTP伺服器軟體——負責供應網頁的軟體，是構成全球資訊網的主體，我們透過 Navigator 或 Internet Explorer 等瀏覽器到任何地方所擷取的網頁，都是由對方的HTTP伺服器所提供的。

Apache 的起源得溯自一九九五年初。當時最常用的伺服器軟體 NCSA httpd 的研發工作停滯，已經跟不上全球資訊網的現實需求，於是有些網站站主將他們自己撰寫的延伸功能及修補程式（patch，指更正錯誤或問題的修訂程式）彙整起來發行。

由於他們只是以 NCSA httpd 爲基礎，爲它進行程式更新和修訂，所以他們將發行的軟體暱稱爲“a patchy server”（一個修補的伺服器），諧音便成爲 Apache server（「阿帕契」是北美印第安人的一支，以驍勇善戰著稱）。此後，雖然他們已將軟體全部重寫，不再使用 NCSA httpd 的程式碼，這個名稱卻仍一直沿用下來。他們爲了協調軟體更新及修訂工作而組成的鬆散組織，則稱爲 Apache Group。

Apache 是所謂的自由軟體（free software），不但可以免費取得，而且軟體的原始程式碼也完全公開，讓使用者可以依自己的需要來修改，不必擔心受制於軟體廠商。由於這種開放的特點，再加上軟體本身的功能及穩定性均極佳，Apache 已成爲最受歡迎的伺服器軟體。根據 Netcraft (http://www.netcraft.com/survey/) 一九九九年六月的普查統計，Apache 的市場佔有率高達五六・一九％，遠超過第二名微軟的二二・四一％，而且領先的趨勢仍在繼續擴大中。

⑦譯註：儘管 Linux 目前是極受好評及矚目的作業系統，但它最初只是李努斯・托渥茲（Linus Torvalds）的個人努力。一九九一年，還是芬蘭赫爾辛基大學二年級學生的李

努斯・托渥茲，對於剛學到的Unix作業系統極感興趣。Unix必須在極爲昂貴的工作站級電腦上執行，並非李努斯負擔得起。退而求其次，李努斯安裝了能在386個人電腦上執行的教學用模擬軟體Minix。由於對Minix的功能不甚滿意，他開始嘗試撰寫一套自己想要的Unix。他將自己的作品命名爲Linux，意即Linus的Minix作業系統。

李努斯試驗性地將Linux的雛型在網路上公開，出乎意料地獲得熱烈回響，許多人義務地測試、提供意見及參與撰寫，最後演變成一套功能完整、媲美高價商業產品的作業系統。

和Apache類似，Linux的成功有相當大的成分得要歸功於「自由軟體」模式。最能闡明這一點的是美國航空太空總署（ＮＡＳＡ）的「Beowulf平行運算工作站」計畫。ＮＡＳＡ的人員以十六台執行Linux作業系統的個人電腦，用以太網路連接成一個高效能的工作站，用來執行原先得在超級電腦上執行的複雜運算。爲了應付電腦之間的龐大資料流量，他們必須重寫網路驅動程式。因爲有了完整的原始程式碼，使得這項工作簡化許多。ＮＡＳＡ的工作小組也將他們的成果公開，讓其他學術研究單位也能輕易地架設他們自己的Beowulf工作站。

⑧見戴森的"Intellectual Value"，刊於《連線》一九九五年七月號。網址・・http://www.

wired.com/wired/ archive/3.07/ dyson.html。

規則5

網路比公司重要

所以，先養網路，再養公司

以往，公司只需注意兩個焦點：公司本身及市場。

現在他們必須考慮第三個因素：網路。

網路包含下游承包商、供應商及競爭者、新起的交換標準、

商業的科技基礎設施，以及消費者與客戶構成的子網路。

佔有 80%個人電腦處理器市場的英特爾透過小額投資，

輸送金錢到一些年輕的公司。這是因爲這些公司的成功，

可以直接或間接地強化英特爾產品的市場。

在網路經濟裡，經營的重點已經改變：

與其儘可能提昇公司的價值，

不如儘可能提昇網路的價值。

網路最顯著的特徵是它沒有明確的中心，也沒有明確的邊界。在網路裡，每個成員彼此之間，理論上都可能是等距的。

因而網路經濟第一個改革的，便是我們的身分。

自我（我們）及非我（他們）之間的重要區別——在工業時代表現於個人對組織的高度忠誠——在網路經濟裡將變得較不具意義。如今唯一的內外之別是：你究竟在網路內或網路外。

個人的忠誠已從組織移開，移向網路及網路平台。

你是視窗族，還是麥金塔族？

這種移轉到網路的忠誠，使得我們想要加入某個網路時，它的前景便成爲關鍵議題。

這網路是在茁壯或沒落？它的發展潛力是微弱或強盛？它是開放或封閉的？

在開放系統與封閉系統之間做抉擇時，消費者對開放架構顯現了強烈的熱情。他們一再地選擇了開放系統，因爲它的發展潛力遠大於封閉系統。開放系統有更多吸收成員的資源，也有更多相互聯通的節點。

對現在的企業而言，找出適合其業務的網路已是一項重要任務。因爲企業的未來，愈來愈仰賴它的網路，所以企業必須評估一個網路的相對開放性與封閉性、它的流通性、調適能力。企管顧問約翰・海格說：「網路縮小了風險。它讓公司在面對科技的不確定性時，仍能進行無法變更的投資。身處網路之中的公司可享受持續增加的資源取得及配銷管道的選擇，而同時它們的固定投資及技術需求則在降低。」

當公司的命運與網路交織在一起時，整個龐大網路的健全與否遂變得至爲重要。

如何將網路本身的價值增至最大，很快就成爲企業的首要策略。例如，遊戲軟體公司除了開發、促銷他們自己的遊戲軟體之外，也要付出同樣多的力心去促銷遊戲「平台」——由使用者、遊戲開發者及硬體製造商構成的整體網路。因爲除非這個網路蓬勃起來，否則他們也會跟著死亡。這代

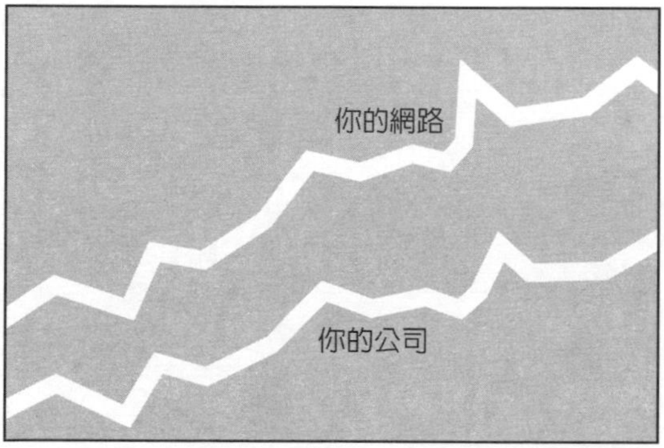

一家公司的興衰，直接繫於它所依附的網路的興衰。如果它據以運作的平台或標準蓬勃起來，它也會跟著蓬勃。

表了一個巨大的變遷——方向上的徹底轉向。在以往，公司員工只需注意兩個焦點：公司本身及市場。

現在他們又有了第三個因素要考慮：網路。網路包含了下游承包商、供應商及競爭者、新起的交換標準、商業的科技基礎設施，以及消費者與客戶構成的子網路。

我們可以把商業網路想像成生態系。經濟學家亞瑟指出：「參賽者互相競爭所憑藉的，不是獨力鎖定某個產品市場，而是建立網路（指各公司圍繞著一個迷你生態系所組成的鬆散聯盟），以擴大對基礎科技的良性回饋。」

在成長的某些時期，餵養網路和餵養公司一樣重要。有些已經擁有龐大市場佔有率的公司（譬如英特爾，它擁有八十%的個人電腦處理器市場）透過小額投資，輸送金錢到一些年輕的公司。因爲這些公司的成功，可以直接或間接地強化英特爾產品的市場。由於這對公司有益，所以它們餵養網路。

在網路經濟裡，一家公司的首要焦點從儘可能擴大公司的價值，轉移到儘可能擴大網路的價值。

並非每個網路都需要相同的投資。CD唱片標準及供應商網路如今已經根基穩固，還是新產品的DVD影音標準則否。用CD格式來發行唱片的公司，不必費太大的心力來確保CD格式能成爲普遍的標準；用DVD格式發行影片的電影公司則否。電影公司必須投注相當的資源，以確保這項新興平台可以擴展及生存。它們得和硬體製造商合作，或許共同負擔推廣成本，藉由某些促銷手段，像是在自己的廣告裡加上平台標誌，派代表參與技術研擬，與其他電影公司合作，以使新標準普爲接受。唱片公司則不必爲CD付出重大投資。但如果它們想在線上傳送音樂，則必須投資在新網路上——因爲線上遞送仍然處於孕育階段。

每一項網路科技都遵循自然的生命週期，約略可分成三個階段：

■前標準期（prestandard phase）
■流動期（fluid phase）
■內嵌期（embedded phase）

一個公司要採取什麼策略，需視網路處於哪一個階段而定。

前標準期是最令人興奮的。這個時期充斥了巧妙創新、高度期待及遠大野心。隨時會有「啊哈！」的想法湧出。因爲沒有所謂的專家，人人都可進場角逐，而且似乎眞的每個人都加入了。低低的門檻吸引了有意者蜂擁而入。舉例來說，當電話網路剛出現時，標準極少，而競逐者衆。一八九九年，全美的電話網路有兩千家地區性電話公司，其中許多公司使用它們自己的傳輸標準。同樣地，在一八九〇年代，電力也是以各種不同的電壓及頻率來供應，每家電力公司從許多競爭的電力標準中挑選其一。交通網路也是。即使晚至一八八〇年鐵路時代的全盛時期，數千家鐵路公司仍未訂出共通的火車軌幅。

目前位於前標準階段的兩個網路範例是線上視訊及電子貨幣。你有許多彼此競爭且前景相當的標準提案可選擇。這兩個領域的不確定性均極高，但選錯邊的後果極小。因爲市場還是開放的，所以要改變仍很容易。

流動期的網路則有不同的動力。前標準期的過多選擇逐漸縮減成兩、三種。參與者的忠誠是活動的，而且會隨時間移轉。在這個時期，網路需要有參與者的高度投入才能存活下來。參與者必須先餵養他們選擇的網路，而且因爲選擇已減少，所以巨額投資可以刺激快速成長。普及性效應及報酬遞增律開始作用——更多可以滋生出更多。這時，憑藉數項標準中的任一者來餵養網路，都仍可爲全體參與者帶來利益。但無可避免地，最終只有一項標準可以取勝，其他的則會失敗。這種不確定性幾乎和前標準期一樣高，但選錯邊的風險則更大。任何還記得八軌錄音帶的覆亡的人，想必能體會那段痛苦時期的慘況。現在，數位照片及桌上作業系統正處於這種流動階段：數種紮根較深的標準相互爭奪最終的主控權。你得審慎抉擇！

網路生命週期的最後一個階段是內嵌期，此時某一標準已廣被接受，深深嵌入科技的紋理之中，以致幾乎不可能被撼動——至少在這網路仍存在時。一般使用的一一〇伏特交流電便是處在這個階段（不過，當電力系統全球化後，或許會出現一些料想不到的發展）。ASCII字元同樣也已深深嵌入——至少對拼音文字而言。另外有些語音電話的慣例也已幾乎全球通用，似乎永不可能改變。

不論在創新的哪一個階段（前標準期、流動期或內嵌期），因爲標準可以加快創新的速度，所以它都是極有價值的。協議是對不確定性的侷限。標準所帶來的侷限，可強化衆多途徑其中一者的優勢，使得進一步的創新及演化能夠沿著穩定的路徑加快脚步。由於耕耘確定性是如此重要的需求，所以企業組織必須效忠於最共通的標準。惟有標準建立之後，才可能飛快成長。

要達到最高度的繁榮，先餵養網路。

要達成標準，通常是說來容易做來難。因爲標準總是妥協的產物，制定標準的過程永遠充滿折磨及爭吵，其結果又會廣受非議。一項標準若要有實效，必須使用者出於自願，主動採用。它也應該留給反對者可隨時追求替代標準的迴旋空間。

標準在新經濟裡扮演了日益重要的角色。在工業時代，沒有多少產品需要標準。生產桌椅並不需要共識網路。除了遵守某些基本的人體工學慣例（如桌子的高度是七十五公分），其他的一切隨你。至於在如電力或運輸之類的網路中運作的工業產品，則需制定精密的標準。每件插入電力網的物品都必須合乎電器用品的標準。不同車廠製造的汽車也有一些共通的標準，如輪軸寬度、燃料添加物、方向燈的位置，更不用提道路施工及交通號誌的許多標準。

所有資訊及通訊的產品和服務都需要廣泛的共識。任何對話的雙方都必須瞭解彼此的語言。假設對話的數目高達十億個，加上上千種各式各樣的媒體可選擇，然後再考慮三向、四向、*n*向對話，則需要設定的共識便會多得不勝計數。

在網路經濟裡，完成單一交易所需的能量會愈來愈少，但是若要對交易應依循的模式達成協議，其所需的努力會愈來愈大。

因此「先餵養網路」愈來愈有必要。企業界可以預期它們得將大量的智慧資本投入於研擬、諮商、決定、預測及遵守新起的標準。「我們該支持哪個網路？」類似的問題將不僅限於個人電腦。舉凡行事曆、汽車、會計準則，乃至貨幣，各方面都得問這個問題。

當愈多的經濟活動轉向無形產品，則愈多的經濟活動需要標準。

但消費者會因面臨重重的抉擇而覺得壓力沈重。新經濟裡包含了利弊得失的權衡。在利的方面，由科技改良所帶來的好處，大多留在消費者手中。因爲競爭太劇烈，而且交易過程「毫無摩擦」，所以每個循環過程中的改善並不會成爲企業的利潤，而是以更低的售價及更高的品質，讓消費者受惠。

在弊的方面，消費者必須不斷地決定要買甚麼，要採用何種標準，是要昇級抑或改換廠牌，向後相容及較高的執行效能何者重要。目前人們仍未重視在各項選擇及效忠對象之間做抉擇所造成的疲乏，及從疲乏中恢復所費的心力，但這樣的疲乏必將日趨嚴重。新經濟的樂趣在於下一版的產品幾乎不用錢，致命傷則是沒人願意費功夫去昇級，即使你花錢請他們做也不見得有用。

這種疲乏只會惡化。網路是一座可能性的工廠，不斷製造一個螢幕又一個螢幕的新奇機會。尚未準備好的人會被這股不羈的浪潮所淹沒。將選擇標準化可幫助我們馴服由太多可能性所造成的、令人疲累的過度充裕。這是爲何今天最受歡迎的站台是幫助網友篩選資訊、指引最佳去處的後設網站（meta-site）。

因爲網路經濟實在太新，以致整個社會還很少注意標準是如何建立、如何成長的。但我們應該多加注意，因爲一旦實施之後，某個成功的標準可能會永遠保留下來。而標準塑造我們的行爲。

我本身參與了Well（最初接上網際網路的公共電腦會議系統之一）的創立。Well是由他人構想及成立的，但由於我身爲擁有它的可憐公益團體的主持人，同時也是Well開放後的最初加入者，所以我參與了它的政策制定。幾乎從第一天開始，我們就明白Well所使用的軟體的技術規格，將直接塑造在它之內成長的社群。其他地方採用與Well不同的會議軟體模型，也就產生不同類型的社群。Well的軟體鼓勵「直線式的對話」①及社群集體記憶；它鼓勵發言者對他的主題和言論負責，不鼓勵匿名；它允許參與者表示異議或撤回發言，但對其方式有所限制，譬如你只能刪除自己的發言，不能刪除別人的；它也允許使用者發明自己的工具。這些主要都是藉Unix程式（Well採用的軟體標準）來達成，而不是藉由公布的規約。它所形成的社群既獨特而且壽命長久。事實上，容或個別成員都有其癖性，這個社群仍在運作。即使所使用的軟體已經演變成瀏覽器介面，塑造行爲的標準仍依舊。Well 的成員終於想出一句還蠻漂亮的格言，來描述這種以程式而非規約來形塑社群的力量：透過工具而非規則來達到和平。

網際網路和全球資訊網也包含了無形中塑造我們行爲的工具標準。我們對於所有權、殘障輔助、隱私權與個人身分的觀念，有些是由HTML和TCP／IP等標準所塑造的。目前我們的生活只有極少部分涉及這些網路，但隨著網路空間吸納進電視空間、電話空間及大半的零售空間，標準所施予社會行爲的影響力必將增加。

最終，科技標準將變得和法律同樣重要。

法律是條文化的社會標準；但在將來，條文化的技術標準將和法律同等重要。哈佛大學的法律教授列席格（Lawrence Lessig）指出：「法律逐漸變得無關緊要。管制的眞正場所將會是（電腦）規範。」當網路逐漸成熟，從怎樣都行的前標準期過渡到創新成爲焦點的流動期，再進入已深深嵌入標準的成熟系統：標準逐漸如法律一樣僵化。標準同樣會隨時間而僵化。它們會變得抗拒改變，逐漸淪爲硬體。它們的規則將被燒進晶片裡，隨著晶片的散播，滲透得更深。

我們有完善的法律督導程序來監管及分析我們的立法。雖然某些單位，如國際電信聯盟（International Telecom Union, ITU）即將變得和法庭同樣有影響力，但迄今，我們幾乎完全沒有類似的程序來監督標準的制定。標準並不僅關乎科技；它們也關乎一些軟性及模糊的事物，像是關係、信賴及可有的選擇。它們是社會工具，它們建立社會領域。

網路就像一個國家，其關係網是以標準來規範。在一個國家裡，它的公民付稅並遵守法律，才可以享受各項權利；在網路裡，網路公民優先餵養網路，以享受各項權利。網路經濟是一個後設國家（meta-country）。它的關係網在下列三方面與國家不同：

■沒有地理及時間的界域存在——關係隨時都在流動。

■較諸國家，網路經濟中的關係在許多方面都更爲緊密、更爲強烈、更爲持久、更爲多樣，而且更爲親密。

■網路經濟中有多重相疊的網路，也有多重相疊的忠誠。

這些高度的連接性可以強化，也可以減弱傳統關係。如家庭之中極爲私人、由相互信賴所連繫的關係將會強化，而民族國家之內疏鬆的、近乎合約式的關係則會減弱。然而，就像彼得·杜拉克（Peter Drucker）指出的：「民族國家不會枯萎凋零。在相當長遠的時間內，它仍會是最強大的政治機器，但它再也不是不可或缺。」取而代之的，我們將會仰賴非政府組織如紅十字會、人權團體、健保醫療機構、大型保險公司、網際網路，以及聯合國之類的實體。這些「擬政治性」的組織將可彌補民族國家的某些功能。它們會變成我們真正在乎、真正不可或缺的網路。

不論是國家或網路，要創造個人繁榮的最明確方法是創造系統的繁榮。工業時代最明確的效應是：個人所以能繁榮，國家的繁榮要比個人的努力重要。麻省理工學院的經濟學者列斯特・梭羅（Lester Thurow）曾指出，最富裕的人要增加收入的最佳方法是提高最低收入者的薪給——其理論是漲升的潮水會推高所有船隻。網路經濟只會進一步放大這種效應。

要提昇你的產品，先抬高它連繫到的網路。要提昇你的公司，先抬高它支持的標準。要提昇國力，先在質與量上增加可讓大家一起繁榮的連線。

想要繁榮，先餵養網路。

我們目前餵給網路的還不夠多。若與世界的其他部分相較，它還相當小。一九九八年時，據稱約有一億二千萬人使用網際網路。這表示僅有二%的成人能夠直接連上這個線上網路。

但是網路呈等比級數快速成長。如果目前的速率持續下去，二十一世紀初，將有十億人使用網際網路，有七十五％的成人使用電話。此外，根據尼葛洛龐帝（Nicholas Negroponte）的說法,屆時將有一百億個電子物品連上網路。這世界被網路所吞噬的範圍，年年擴大。

網路無可逆轉地將涵括世界的所有事物。

隨著網路逐步接管全局，許多觀察家注意到我們的物質經濟逐漸被資訊經濟所取代。汽車的重量比以前輕，但效能更佳。工業原料被幾無重量的高科技材料如塑膠、合成纖維等（而其中就蘊含了高科技的資訊）所取代。文具用品同樣也增加資訊，減少體積。因爲建材改良，加上高科技的施工法及智慧型事務機器，現在的新大樓比起一九五〇年代的大樓要來得輕。所以不斷變小的並不僅是收音機，我們的整個經濟也都在減肥。

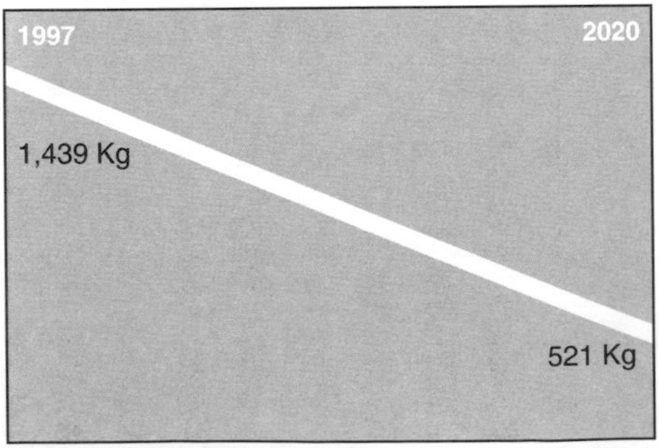

即使像汽車之類的工業產品也遵循新規則。汽車的平均重量正在降低中，而且隨著資訊取代物質的趨勢，仍會繼續下降。

即使體積維持不變，資訊仍會增加。一九九八年製造的一般鋼材，迥異於一九五〇年製造的一般鋼材。兩者的重量約略相當，但因爲投入了大量的設計、研究及知識，所以新製造的鋼材遠優於舊的。它的優異價值並不是因爲多增加了原子，而是因爲多增加了資訊。

從笨重而小巧的變化成爲全面性的趨勢，是隨著電腦晶片的來臨而開始的。這種微妙的無形化，起初被視爲矽谷這類高科技走廊的獨特動力。軟體實在太奇怪了——一半物質、一半精神——所以當電腦產業本身表現出奇特行徑時，無人覺得訝異。網路的原則，像是報酬遞增律，被視爲是鋼鐵、石油、汽車和農場等整體「眞正」經濟中的特例、不正常現象。畢竟，這種特異性和製造汽車或賣包心菜有何關連？起初確實無關。但如今每種產業（販鞋、製造玻璃、漢堡）都包含資訊部門，而且資訊部門所扮演的角色還在擴大中。現在已經沒有任何略具規模的公司不使用電腦和通訊科技。一九九六年，所有美國公司（包括高科技或低科技的）總計在資訊科技上耗費了二千一百二十億美元。通常一家公司的電腦單位，像是資訊科技（IT）或資訊管理系統（MIS）部門，或是掌理科技的電腦通，將是首先感受到新規則及網路科技動力的人。資訊顧問唐斯（Larry Downes）和梅振家（Chunka Mui）說道：「即使許多產業的首要科技並未在轉變……每一產業仍得經歷資訊科技的革命。」當一家公司裡「上網」的人漸多之後，網路思惟便開始滲入整個組織，重新塑造該公司對本業的理解。長此下去，愈來愈多的員工將追逐密集的資訊和通訊網路所帶來的機會。

新的網路科技及全球化加快了商品及服務的無形化。資訊的新動力將逐漸超越工業化的舊動力，直到網路行爲構成了整個經濟。

一點一點地，網路邏輯將接掌我們所處理的每個原子。

網路邏輯將從它在矽晶片中的基地散播出去，滲透到鋼鐵、木材、化學染料及洋芋片裡。所有製造業，不管是否撒上矽晶圓的種籽，都將回應網路原則。

試以石油——最典型的「原子」資源——爲例：古典的報酬遞減理論其實是爲了解釋石油工業而發明的。容易開採的石油起初成本低廉；然後到達某一點後，除非售價提高，否則已不敷開採費用。但現在石油工業因爲遭到晶片科技的大舉入侵，也開始遵守新經濟的定律。地質學家可使用精密的立體檢視軟體標定油層，準確度在數米之內；電腦導引的彈性鑽頭可以精確地在挖掘中轉向，到達含油的小礦脈；優異的幫浦以更少的能源及維修，即可抽取更多的石油。報酬遞減停止了。石油以穩定的價格持續湧出，在此同時，石油工業也滑進了新經濟。

而還有甚麼比汽車更屬於工業時代？但是，晶片及網路也可以將工業時代的痕跡從汽車抹去。汽車所消耗的能源大多是用來移動車體本身，而非移動乘客。如果車身及引擎的尺寸能夠縮小，移動汽車所需的能源即可減少；需要的能源減少，又意謂了引擎可以做得更小；更小的引擎則又更省能。如此反覆循環，形成與微處理器相仿的下滑曲線。車身也可以藉由智慧型材料（需要更多的知識來發明和製造的材料）而大幅減輕，因此推動它的引擎可以更小、更有效率。

底特律及日本已經設計出重量僅五百公斤的汽車。這些原型車以超輕的複合化纖材料製造，以高科技的混合引擎動力來推動。他們安裝彼此連線的晶片，以減少散熱器、輪軸及傳動軸的質量。他們插入晶片，好讓車子能夠即時診斷自己的效能；將晶片放進剎車裝置中，好讓剎車更不會打滑；將微處理器放進儀表板，讓汽車便於駕控、耗油更經濟。他們還使用不會污染的氫燃料電池以及低噪音的電動馬達。就像內嵌晶片可讓剎車裝置變得更好，這些輕型汽車可以連接上網路智慧，讓車子變得更安全：一旦偵測到劇烈衝撞，便立即啓動智慧型的多重安全氣囊。

能源前瞻者，洛磯山研究院（Rocky Moutain Institute）的主持人洛文斯（Amory

Lovins），將汽車裡這種知識取代材料的累積效應，最終可造出的成品稱爲 Hypercar。比今日的汽車安全，而且以燃料電池爲動力，只需一個燃料箱的氫燃料即可橫跨美國。②

其實，一般汽車的運算能力已經強過一般的桌上型電腦。一輛汽車中，電子裝置的費用（七百二十八美元）已經超過鋼鐵部份（六百七十五美元）。洛文斯指出，Hypercar 所允諾的是一輛由矽改造的汽車。Hypercar 可以被視爲在交通工具演變爲（且行爲也像是）固態模組的過程中，向前邁進的一步。汽車並非變成嵌入晶片的輪子，而是變成裝上輪子的晶片。而這個裝上輪子的晶片所行駛的道路系統，也愈來愈像是遵守網路經濟定律的分散式電子網路。

一旦將汽車視爲裝上輪子的晶片，我們可以很容易地將飛機想像成裝上翅膀的晶片，農場是帶有土壤的晶片，房屋是供人居住的晶片。是的，它們都還有質量，但這些質量將臣服於在其中流通的巨量知識和資訊。從經濟學的角度看，這些物體的行爲，將像是它們根本沒有形體和重量。如此，它們已過渡到網路經濟。

因爲資訊戰勝質量，所有商業都將過渡到網路經濟。

麻省理工學院媒體實驗室（MIT Media Lab）的主持人尼葛洛龐帝推測，線上經濟將在二〇〇〇年到達一兆美元的規模。大多數專業經濟學家認爲這個數字太過樂觀，但樂觀的數字其實往往仍過度低估。它並未預期當網路經濟滲透到汽車、交通、鋼鐵及穀物時，經濟世界將移往網際網路的幅度。即使並非所有的汽車都會立即在線上銷售，汽車設計、製造、組裝及營運的方式都將倚賴網路邏輯和晶片的力量。

對於線上市場規模的關切，將會變得無關緊要，因爲所有商業都會跳進網際網路。當所有經濟活動多少都受到網路規則影響之時，網路經濟與工業經濟的分野將會逐漸消失。眞正關鍵性的分野，將是動態事物與靜態事物之間的差別。

任何與其經濟資訊分離的物體都屬於靜態的領域。譬如，在今日，一顆包心菜除了售價標籤之外，並未包含任何財務資訊。一旦貼上標籤，價格也就訂死了。除非有人換標籤，否則不會改變。其他地區包心菜的銷售狀況，或是全球經濟的變化，並不會影響到這顆包心菜本身。相反地，和包心菜有關的資訊卻是在與包心菜本身全然分離的管道（如新聞節目或商情通訊）流通。包心菜在經濟上是靜態的。

動態的領域則完全不同。它具有高度的交互連結性。在這即將來臨的世界，每顆包心菜有它自己的身分和價格，或許顯示在旁邊的液晶顯示器，或許顯示在貼在菜梗上的可拋式晶片。當包心菜變老了、同一條街的包心菜打折了、加州的天氣發生變化，或是美元對墨西哥披索的匯率突然大漲時，它的價格也跟著改變。位於超市總部的交易員處理包心菜價「殖利」的運算公式，將一如航空公司動態調整票價的公式。(沒賣掉的七四七飛機座位跟沒賣出去、擺著爛掉的包心菜是一樣的。）就其與網路的關係而言，這顆包心菜是動態的。它可以變動、調適、與事件互動。一道貨幣與資訊之河流過它。而如果貨幣與資訊之河流經某物，它即是網路經濟的一部分。

從舊經濟過渡到新經濟的進程依循了無情的邏輯：

■愈來愈多的靜態物體，藉由資訊網路而躍動起來。
■靜態物體一旦被網路碰觸到，即開始遵守資訊的規則。
■網路永不退縮；它們傾向於加倍擴張領土。
■最終所有物體及交易都將以網路邏輯來運作。

有人恐怕還想加上「抗拒是無用的」這一條。這個朝往全面連線的壓倒性長期趨勢看來像是博格人（Borg）③，彷彿所有事物都會失去它們的個別身分，變成一個龐大、無意識集體的一部分。兩件事情必須釐清：一、持續、無所不在的連線本身並不會消滅個體性；二、在這裡，「所有」是指一個逐步逼近、不斷進行的趨勢，並非結局。

或許有人會說工業化抹除了手工製品，以致所有物品都是機器製造的。大體而言，這種說法是對的，而它也正確地描述了趨勢的終點。但這趨勢卻有某些顯著的例外。在一個物品完全由機器製造的時代，手工製品是稀有的，因此價格高昂。有一些（但僅有一些）精明的工藝家和創業者可藉手工藝維生，他們以手工製作脚踏車、家具、吉他之類一般由工廠生產的物品。抗拒僅是邊際的，卻有利可圖。

同樣的道理也適用於經濟的網路化。抗拒不會是無用的。在一個連線無所不在的世界，在一個所有事物都連上其他事物的世界，根本不連線的人或不去推廣理念與無形產品的公司反而會成爲稀有者。如果這些特立獨行者能有介面與網路經濟接觸，而又不失其獨特性與價值，那麼他們將會炙手可熱，他們的產品將會售價昂貴。我們可以想像二〇〇五年時，一位成功的點子藝術家（idea-artist）——他沒有電子郵件，沒有電話，沒有視訊會議，沒有虛擬實境，沒有書，而且從不旅行。要得到他的絕妙想法的唯一辦法，是到他的隱居之處，親身和他面對面交談。他的約會已經預訂到八個月之後，而這只會更增加他的聲譽。

麻省理工學院的經濟學家保羅・克魯曼對於資訊科技如何翻轉預期的秩序另有一套看法。他寫道：「到了某個時候，可能所有稅務律師都會被專家系統軟體取代，但我們仍需要、而且願意付高價聘請眞正的人，來做一些非常困難的工作，像是園藝、打掃房屋，以及上千種其他服務。儘管日常消費品日益低廉，但這些服務佔我們開支的比重，將會不斷增加。」其實我們不必等到將來。最近我剛雇了兩種不同類型的自由工作者（freelancer）。一位是坐在她的辦公室裡「移動符號」：她將訪談錄音謄寫下來，收費每小時美金二十五元。另一位是在他的住家外面修理油膩膩的廚具。他收費每小時美金五十元，而且就我來看，兩人中他的生意似乎較多。克魯曼的論點是這些「手工藝」（當它們變得那麼貴以後，必定會被冠上這個稱呼）將會弭平目前介於高科技與低科技行業之間的薪資差距。

我的論點則是：優秀的園丁之可以收取高價，並非僅因爲他們既稀有且獨特，同時也因爲他們就像其他人一樣，會使用科技來儘可能減少那些單調、反覆的工作，留下更多時間來從事人最擅長的工作：處理不規則及出乎意料的狀況。

在工業時代的黎明階段，人們很難想像畜牧、農耕及伐木等最基本的農牧時代工作會變得如此工業化。但後來果然如此發展。不僅是農牧工作，在那個時期，幾乎任何想像得到的職業（特別是僕傭一類的工作）都受到工業化的強烈影響。這趨勢走向很穩定：整個經濟最終都屈從於機器。

全面邁向網路經濟的趨勢同樣令人難以想像，但它的進展是穩定的。它依循了一種可預測的模式。最初被網路經濟吸納的是只能存在於這個新世界的行業：程式設計師、酷點子收集者（cool hunters）、網站編輯及華爾街計量分析師。接著屈服的是用新工具可以更快、更好地達成舊目標的行業：房地產仲介、科學家、保險精算師、批發業者及任何坐辦公桌的工作。最後，網路經濟吞噬了其餘看似無關的行業——屠宰、烘焙及製作蠟燭——直到整個經濟都被連成網路的知識所充滿。

網路經濟的三大趨勢：大規模的全球化，有形物持續地解體成知識，以及深入的、普遍的網路連線。這三大潮流將會沖遍所有海岸。它們的侵蝕將會持續不斷，而且自我強化。它們相結合的效應可以一言蔽之：網路大勝。

策略

儘量增大網路的價值　先餵養網路。培養網路的方法，是讓它儘可能易於使用和參與。網路中的成員愈多樣（如包含競爭者、顧客、合作者及批評者）愈好。你的網路應該要很容易加入。既然你會想知道你的顧客是誰，就不要讓他們很難聯絡到你（可以用ＩＤ，密碼則免了）。你應該讓競爭者也很容易加入（所有他們的顧客也有可能會成爲你的)。要對網路效應的力量維持開放：關係比科技品質來得有力量。特別提防「不是自家發明的」症候群④。辨識出一個強大的網路對手的最明確指標是：爲了要充分運用網路效應，它願意放棄自己的標準（特別是當它的標準「更優秀」時），而採用他人的。

尋找最大公因數　因爲普及性及報酬遞增定律，最有價值的創新不是那些表現最佳的，而是那些在最廣大的基礎之上表現最佳的。先餵養網路意謂忽略最先端的進展，改而選擇最大公因數——能被廣泛接受的最高品質。挑選「最大公因數」技術及科技的實際理由之一是：因爲複雜的科技需要熱情而且有經驗的使用者來推薦及分享經驗，而且你需要在不犧牲品質的前提下，儘量擴大它的使用層面。

別投資在新語言　不論另一種做事的新方法多麼優異，它都不能取代內嵌的標準；已經有了英語，就別投資在人造的世界語（Esperanto）。若有好用的標準已被廣泛採用，避開任何需要採用全新標準的計畫。

將內嵌標準應用到新領域　有沒有一種辦法，可以讓你在不同的環境下使用現有的標準及網路，而達成你的目的？爲既有的網路發明一套全新的標準常是不切實際之舉。目前一些最偉大的成功故事，是某些公司嫻熟某種網路之後，使用它的內嵌標準來開發另一個需要改良的既有網路。這種程序稱爲「交互感染」（interfection）。目前在電話傳輸方面的革命全是一些熱誠的網際網路公司，在電話公司傳送聲音的舊世界裡，用一些新建立的通訊協定（稱爲網際網路通訊協定〔Internet Protocol〕，縮寫爲IP）來傳送網際網路上的資料。龐大的報酬遞增從網際網路衍生出來，帶給它們極大的優勢。其實，在IP無情的推進腳步下，一項接著一項的電話傳輸標準已經倒了下來。同樣地，行動積極的公司也正充分運用Windows NT所建立的桌上電腦標準（及其所有的普及性效應），來交互感染像是電話交換設備之類的新領域。甚至連龐大的有線電視網路也可以提供一些新東西。視訊傳輸的新興標準（如MPEG）正嘗試遷移到網際網路。當你選擇要支持何種標準時，請考慮在你目前網路之外，但能交互感染你的領土的主導標準。

讓產品流動起來　隨著網路經濟的展開，愈來愈多的公司會問自己這些問題：如何將我們所做的納入網路的邏輯？我們如何使一項產品依網路效應來運作？我們如何「網路化」我們的產品或服務？（答案絕不是「把它放到網站上」。）舉例來說，建築師生產大量的資料，這些資料要如何標準化？關於某一實體（譬如一扇門）的資料如何流經或貼附到該一實體？我們至少要在玻璃窗裡加進哪些功能，才能讓它與網路結合？承包商要採取哪些步驟，才能讓網路化的資訊從建築師流到承包商，再流到施工者，再流到業主？我們如何增加我們的服務所擁抱的網路數目？

站到網路這一邊 假設一九六〇年時，有個精靈告訴你一個祕密：未來五十年內，電腦會根據一個可預測的基準，尺寸逐年急遽縮小，價格逐年急遽降低。自此之後，每當你需要做科技決策時，只要將更小、更便宜的因素考慮進去，你就永遠是對的。其實除了這道規則之外，你幾乎不需要甚麼知識即能創造財務奇蹟。下述是目前的祕密：在未來五十年，網路會根據一個可預測的基準逐年擴充和深化——隨著更多成員的加入，它的價值呈等比級數成長，而它的交易成本降至近乎零。每當你需要做科技決策時，只要你選擇連線程度最高的、系統最開放的、採用最普遍標準的，你將永遠是對的。

雇用播種者 經濟網路不是聯盟。網路成員之間通常很少有財務連繫。建立標準及協調開發過程的一個有效方式，是透過播種者。他們不是銷售員，也不是業務主管。他們的工作就是拓展網路，找出其他具有共同利益的人，然後促使他們聚在一起。早年當蘋果電腦開闢新起的個人電腦網路時，它成功地使用播種者來找到製造擴充卡，或開發相容軟體的協力廠商⑤。去做和他們一樣的事。

註釋

①譯註：「直線式的對話」（linear conversation），係相對於「樹狀分枝」的對話（branched or forked conversation）而言。一般的線上討論系統通常採用後者這種設計，它的缺點是：當某個主題的討論較熱烈時，衍生的「分枝」常會變得太複雜，不是蔓延開來，難窺全豹，便是摻入無關的話題，枝節旁生。「直線式的對話」則是將同一主題的對話按時序排列，不再分枝。

②見洛磯山研究院的網站：www.rmi.org。

③譯註：博格人，《星艦迷航記》（*Star Trek*）影集裡的外星種族，半人半機器，以集體的方式存在，沒有個人身分。文中引述的「抗拒是無用的」（Resistance is futile）一語，正是博格人標舉的口號。

④譯註：「不是自家發明的」症候群（"not-invented-here" syndrome），指公司對自己的研發能力極度自信的態度。某些公司只願採用公司內部發展出來的想法或科技，對於競爭者的產品，不管在市場上多成功，總是抱持輕蔑的態度。最常被引述的例子是以前的蘋果電腦公司。

⑤譯註：「播種者」的英文"evangelist"的原意是四處旅行、傳播基督教福音的人。當蘋

果電腦公司於一九八四年推出麥金塔電腦時，由於它的設計理念與操作方式和既有的個人電腦截然不同，市場對它全然陌生，使得銷路遲滯。針對這點，蘋果公司派出一批人專門到各處宣導麥金塔的優點，以便招募廠商或程式設計師來爲它撰寫軟體或製造周邊產品，進而開創市場。由於這項策略頗具成效，後來便爲業界普遍採用，'evangelist 這個原本極易造成誤解的頭銜，也成爲司空見慣的職稱。有些公司甚至設有專門的部門及人員，來負責這項工作。

規則 6

造山比登山重要

不要逗留巔峰，該下山的時候就下山

有時候，我們會登上一個巔峰，稱心如意。

但就在那個時刻，我們會看到別人已經在我們的上方另外造了重山峻嶺，

壓得我們喘不過氣。

我們要繼續逗留在這個巔峰，還是要選擇下山？

在最高處放手，並不是要抗拒完美，而是要抗拒短視。

新興經濟緊密連結的特質，使得它的表現像是一個生物社群。我們常用戰爭及戰役來譬喻工業經濟，新經濟較適用的譬喻則是共同演化及交互感染。

公司就像在生態系中演化的有機體。自然界中有些生態系幾乎不具備繁殖生命的機會，譬如在北極就只有少數幾種生存策略，在那兒的生物最好擅長其中一種。另外有些生物群落（biome）則充滿了機會，而且這些機會不斷湧動，忽而出現，忽而消失，物種得隨時搶佔它們的生態區位。我們以為自然界所具有的和諧，其實並不是靜態的完美，而是上下翻滾、跳躍，然後再取得平衡的複雜舞蹈。

豐富、互動，而且形體極具彈性，網路經濟就像一個充滿活動的生物群落，一座快速移動的叢林。不斷有新的生態區位（niche，就商業言即是利基）出現，然後又迅速消失。競爭者從你底下冒出來，一口吞噬你。今天你在山頂上稱王，明天那座山根本就不在了。

生物學家將有機體適應這類棲息地的奮鬥，比擬成漫長的上坡過程。上坡在此是指需要做較大的調適。在這裡，最能夠適應各時期變化的有機體，被譬喻成位於峰頂。假設我們將有機體換成商業組織，一家公司必須付出極大的努力來爬上山頂，或是不斷改良它的產品來確保它在山頂上的位置，隨時配合消費環境來調整。

所有組織（不管是營利或非營利的），在嘗試找出最適合的山峰時，都會面臨兩個問題。這兩個問題都因網路經濟不斷擾動的環境而日益嚴重。

首先，工業時代的環境相較之下較爲單純。在工業時代，我們相當清楚最佳化的產品會是甚麼樣子，也知道在那穩定的地平線上，該把自己的公司擺在甚麼位置；但在網路經濟裡，我們愈來愈難辨認哪些山岳是最高的，哪些峰頂是虛幻的。

從生物的角度來看，新經濟的地貌慘遭深溝、斷崖和陡坡切割，是「殘破的」。諸多小徑或者滿布死路，或者通往虛妄的峰頂，或者遍地崖谷，處處阻斷。因爲整個經濟地域是如此崎嶇雜亂，沒有一致的地形，所以當一家公司朝向某個眼看位於巔峰的新市場邁進時，它無從確定自己攀爬的是否只是一座小山丘。於是，它們遭遇到第二個問題——用生物學的說法，它們或許在爬到頂端後才發現被困在一個「次最

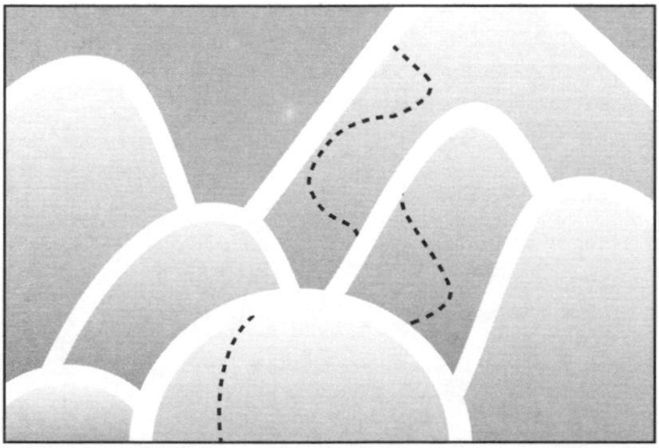

動盪的時刻意謂了區域性的成功並不代表全域性的成功。一家公司或許效率達到最佳狀態，卻爬錯了山峰。訣竅在於選對具備高度潛力的領域來角逐。

佳」(suboptimal) 的山巔。

不管是大公司或小公司，都得面對它們眼前的新地形。我們往往不清楚，當某座山峰之下的整個山區或許會在幾年之內下沉時，一家公司究竟應否奮力留在峰頂（譬如，如果大家都嘗試改以大型的蛋白質陣列作爲儲存裝置時，你是否還應該致力於造出全世界最可靠的硬碟）。當某家公司對它的領先地位沾沾自喜時，它所擅長的科技或許已經走入死巷（核能發電工業即是一個例證）。

有些最完美的科技是在即將覆亡之前創造出來的。眞空管技術就是在它消逝之前達到最精密的階段。麻省理工學院的經濟學者烏特貝克（James Utterback）寫道：「企業組織在捍衛它們紮根最深的科技時，總是具備高度創意。往往惟有在覆亡的命運已可淸楚預見時，它們在設計的優雅及技術的表現上，達到難以想像的高峰。」要到達完美的頂點算是容易的，問題在於那完美是區域性的，亦即次最佳的；就像成爲全州最佳的籃球選手，但對全國聯賽渾然不知。當一家公司在慶賀它造出全球最快的電腦卡片讀卡機時——還是全宇宙最快的呢！——整個經濟世界已經推進到個人電腦了。

悲慘的是：在新經濟裡，「困在區域性的巔峰」是必定會發生的。

失衡與不穩定是常規，最佳化不可能長久持續。到達全盛時期的產品通常很快便會被超越。其實，一項創新在到達全盛時期之後，反倒會增加它被超越的可能性。在探討汽車工業創新課題的著作《精通創新的動力學》(*Mastering the Dynamics of Innovation*)裡，烏特貝克的結論指出：「在某一科技世代裡獲致成功的不良副產物是眼界變窄，而且容易敗在擁護下一科技世代的競爭者手下。」它的產品或許是完美的，但只適合於愈來愈小的使用範圍或顧客群。

當一項產品已經到達完美的峰頂時，局外人可以藉由改變規則來移走整座山峰。底特律是大轎車的完美巔峰，但突然之間小型車的山峰遮蔽了它。席爾斯百貨是零售業山峰之王，但 Wal-Mart 和 Kmart 等量販店的銳意革新，卻創造出睥睨它的整片山區。任天堂曾在一段短暫的時期內，獨自佔有電視遊樂器的山頭，直到 Sega 和後來的新力也都建立了自己的、甚至更高的山頭。每一個被取代的工業、公司或產品都身陷在一個並非最佳的區域性山頭。

出路只有一個：陷住的有機體必須往下走。爲了要從某一座區域性成功的山頭爬到另一座更高的山頭，首先得要往下坡走。要做到這點，它必須顛覆自我，暫時變得較不適應、較不合宜、較不佳。對比於它現有的利基市場，它必須以效率較低、較不完美的方式來做生意。

而這就是一個難題。組織就像生物一樣，它的天性是盡量最佳化自己的能力：邁向成功，而不是將成功丟棄。公司會覺得往下走既不可思議，也不可能辦到。企業根本不容許將手中的東西平白放掉。

而愈好的公司愈沒有往下走的空間。

現代組織將它的全付心力放在向上坡爬。CEO所受的訓練（以及公司以高薪聘請他們的目的）是將公司推上山頭。品管的目的是要讓全體的勞動力向最佳表現的高峰邁進。企管顧問監管最微小的細節，試圖清除任何阻擋公司到達完美巔峰的障礙。講究組織再造的專家根據電腦資料，鎖定組織中落後的單位。連總機也在追求卓越。

現代企業怎會允許放掉那些行之有效的，朝下走入亂局之中？更別提是否擁有這種技巧了。

而且不必懷疑：下方必定充滿混亂與危險。低適應性代表了你是處於靠近滅絕的位置。但爲了得到再起的機會，你必須冒著滅絕的風險往下走。

經濟學家熊彼得（Joseph Schumpeter）將這種爲求進步而摧毀成功的舉動稱爲「創造性毀滅」。這個名詞相當妥切。放掉完美是強悍意志的行動。而它可能會做得很糟。管理大師湯姆・彼得斯（Tom Peters）宣稱，現在的企業領導人被要求要達成兩項任務——建立，然後再敏捷地拆毀，這兩項任務需要截然不同的氣質，這是同一個人不可能兼而有之的。他促狹地建議處於網路經濟這個快速移動領域裡的公司設置「毀滅執行長」（Chief Destruction Officer）的職務。

不管是否有人負責創造性毀滅，爲了懷抱希望再度昇起，你只能丟下優良的產品、高價開發的科技與極佳的品牌，然後朝下走進問題堆中。除此之外，就我們所知，別無他途。

在以往，這類征途是極其罕見的。工業時代較爲穩定的市場和科技環境是平坦，而非崎嶇的。每年只有一些參數改變，而且它們的變化是逐漸的。機會來臨前總會預告。這種日子已經過去了。新經濟秩序的生物性意謂著既有領域的突然崩解，將和新領域的突然出現一樣實屬必然。

除非有摧毀穩固基業的專業技術存在，否則沒有創新的專業技術可言。

完美本身並沒錯。找出最適於某一利基的策略，用最佳的效能來服務，追求完美的巔峰——這些將永遠是任何公司或個人的目標。所以爲何要在處於巔峰時放棄完美？身處巔峰的問題並不在於完美太多，而是視野太小。在一項產品或服務上的極度成功，容易阻礙一家公司看到整體經濟中更長遠、更廣大的機會，看到前方快速變動的形勢。傳奇性的、長壽的公司都會密切地向外瞻望。它們可以從衆多假山頭中，辨認出全域性的高峰。它們瞭解一味向內審視——尤其是狹隘地專注於在某些事務上成爲「世界最好」——會阻擋住組織追求新高峰的視野，從而傷害長期的適應力。對長程發展有利的，是永遠在尋找另一座山岳的對外視野。

因爲完美再也不是單獨表演，所以這種向外的視界在新經濟裡更爲重要。成功本身就是一項亟需相互依賴的事業，牽涉到供應商、消費者，乃至競爭者所構成的網路。公司需要廣泛探索，跨出目前的有利位置，並且有時反其道而行。

在最高處放手，並不是要抗拒完美，而是要抗拒短視。

除了難得有領導者願意破壞利潤豐厚的現有狀態，以及公司追求完美的自然傾向之外，另外還有一個原因導致成功的公司難於放手。經濟學家密爾格隆（Paul Milgrom）和羅勃茲（John Roberts）在研究許多現代製造業的專長（贏家特質）後，得到的結論是：公司的專長通常成組出現。

這種自然形成的一組專長使得競爭者極難挑戰一家成功的公司。誠如哥倫比亞大學的經濟學家理查·尼爾森（Richard Nelson）所云：「競爭者通常很難有效地模倣成功的公司，因爲如此做時，它必須同時實施許多不同的措施。」公司可以購買某個特定領域的科技和人力技術，但每次只逐漸地取得一兩項專長，並無助於你實現取代某家高度成功公司的企圖。你必須同時取得整組的精湛技術，才能具備有效的競爭力。像迪士尼這樣的公司，你很難一舉獲得它高度整合的全盤技巧，所以幾乎是無法模倣的。

這種自然形成的一組專長同樣也使得往下走的過程極度困難。往下走需要同時對抗一家公司所有最好的品質。在這方面，自然界可以教給我們不少東西。生物科技係奠基於這樣的認知：大多數的基因不會自己指定遺傳密碼；它們的作用是管制（啓動或抑制）其他基因。因此，細胞內的基因配置是一個高度連結與互動的稠密網路。任一基因都由其他許多基因間接控制。

是故，生物有機體裡的大多數屬性，都以鬆散成組的方式在染色體中旅行。譬如藍眼珠和雀斑一組，或是紅頭髮和壞脾氣一組。這導出了兩項重要結果。首先，要藉由演化來排除紅髮者的暴躁脾氣意謂著會同時去除他們的紅髮——至少起初是如此。農業培育專家對這兩難的困局有著第一手經驗。當他們想要在培育過程中去除某個不想要的特徵時，很難不跟著去除許多想要的特徵。養雞業者想要去掉雞隻的攻擊性時，恐怕也會同時去除牠的產卵能力。商業公司一樣會面臨這種困境。

其次，那些相互卡死的專長雖曾給予有機體或商業組織優勢，但在轉型時便成爲阻礙。網路經濟所增加的交互連結更進一步昇高這種困局。在網路經濟裡，個別員工的技巧更緊密地連結在一起，不同部門的活動更緊密地協調，不同公司的目標更加相互依賴。網路將先前毫無關聯的力量都牽引進來，影響你每一步可能的舉動。

一家公司的各項特長整合得愈成功，就愈難藉由些許的改變來移轉公司的專業技術。因此在高度變動時，成功的企業愈容易遭致失敗。(成功也容易使得成功者拒絕接受現實。）的確，成功的企業在面對變革時，即使有些可以做得很好，它們原先的成功往往使得它們趨於保守——因爲它們必須拆開許多相互依賴的技術。

ＩＢＭ在一九八〇年代初期個人電腦來臨時所遭逢的問題，並不在於如何取得關鍵技術。事實上，ＩＢＭ比任何人都淸楚如何製造個人電腦。但ＩＢＭ的人員長期以來磨利的那一組專業技術，固然讓它在大型主機市場所向無敵，卻無法逐漸調整，以適應快步調的桌上型電腦領域。由於IBM的業務、行銷、研發及管理技巧全都精密交織成一個高度進化的機器，所以它是舊體制的霸主。若要它更改電腦尺寸，它同時也得一併更改管理、預測及研發技術。不論何人、何時，同時改變一切是非常困難的。

因爲這類成組的技術侷限（而且護衛）了一個組織，另起爐灶通常遠比改變一家成功的舊公司來得容易。

這是網路經濟爲何充滿了新創公司的一項主要原因。若是嘗試重組一家已具規模的公司，我們會發現，它緊密交織的成組技術難以拆解。所以另行創辦新公司，重新匯集一組適當的專長，反是風險較低的方式。

在崎嶇的經濟地形上，已具規模的公司能夠適應劇烈變動的唯一希望，恐怕是採取「獨立單位」①的模式。這反應了另一種生物界的現象。根據電腦模擬的演化過程，特別是貝爾通訊研究中心（Bellcore）的研究員艾克利（David Ackley）所做的模擬，我們可以瞭解突變的物種如何征服整個族群。這些變種先從族群聚落的邊緣開始，經過一段「測試」時期後，藉由改良後所獲得的優勢進佔中央，然後成爲多數。

在邊緣時，創新並不需要對抗既成秩序的慣性；它們多半是與其他的變種競爭。邊緣地帶也容許一個全新的有機體以更充裕的時間來修正它的缺陷，而毋需對抗高度進化的有機體。一旦這些變體改善完成，它們便迅速地橫掃舊秩序，成爲新的主流形式。

這是獨立單位的邏輯。將一個小組隱藏起來，遠離企業核心；在那兒，優秀人才可以獨立運作，遠離成功所帶來令人窒息的慣性。讓這個小組不必承受業績壓力，直到他們已經修整自己的缺陷，然後再將他們的創新引入核心。這些創新總會有那麼幾次可以凌駕舊系統，成爲新的標準。

經濟學家麥可・波特（Michael Porter）調查十個國家的一百種產業，發現在他研究的所有產業中，創新的來源通常不是「外人」便是相對上的局外人——某一行業的領導者涉足另一新領域。

要得到最大的創新，先擴大組織的外緣。

你應該鼓勵邊界、外圍及暫時的隔離地區之類可以迸放新事物的地方。獨立單位的原則在網路經濟中扮演了重要角色。網路本來就是一大片邊緣，它沒有固定的中心。當網路成長時，它便可能出現更多可以培育創意的隱密棲息地，儘管看不見，但仍然連通。

一旦調整妥當，創新即可以迅速繁衍。網路經濟的全球化向度意謂了一項突破可以立即而全面地散播到全世界。全球資訊網本身就是這樣建立的。全球資訊網最初是在瑞士日內瓦一個鮮爲外人所知的學術研究機構裡開發出來的。一九九一年，他們在自己的實驗室裡架設成功後，六個月之內它就散播到世界各地的電腦。

成功的基本原則是永遠不變的：熱誠服務客戶，提昇品質，超越對手，以工作爲樂。新經濟並未改寫任何一條規則，但它協助人們所達到的成功卻不同於以往。無論你如何衡量，成功總是具有慣性。報酬遞增律可將成功的結果放大，但它的動能仍然是往頂點推進——只不過如今頂點變得極不穩定。當底部的砂流動時，身處頂點反而是不利的。任何神智清醒的人，在得到成功時都應該心懷疑懼。

在新經濟這個高度動盪、快速變革的環境裡，競爭優勢是屬於那些靈活、迅速、適應力強而且有彈性的人。速度和機巧勝過規模和經驗。迅速找到新優勢只是成功公式的一半；迅速放手是重要的另一半。

當我們開始構築網路經濟時，自然界教給我們的所有課程中，放棄手中的成功可能是最難做到的。

策略

不要因爲影像清晰，就誤以爲它距離很近　往下走的可怕在於，當一家公司走入兩座成功山頭之間的嚴酷山谷時，它仍必須保持完整。公司在走下坡時，或多或少仍必須賺錢。你不能從一座山頭跳到另一座山頭。無論一個組織多聰明或多快速，除非它一步步地摸索涉過惡劣的地形，否則仍無法到達它想去的地方。當下一個完美的地點非常清楚地呈現在眼前時，忍受一段並非最適的時期更是變得加倍困難。

舉例來說，約在一九九〇年代之初，大英百科全書公司已察覺他們侷限在一個區域性的山頭。沒錯，他們是在頂端：《大英百科》是最好的百科全書，他們有遍及全球的行銷隊伍來兜售一個世界知名的品牌。但旁邊卻有一個新東西快速竄起：光碟。這座亮眼的新山頭輪廓非常清晰。它的高度令人振奮。但它是和他們的舊山頭不一樣的領域：沒有紙張、

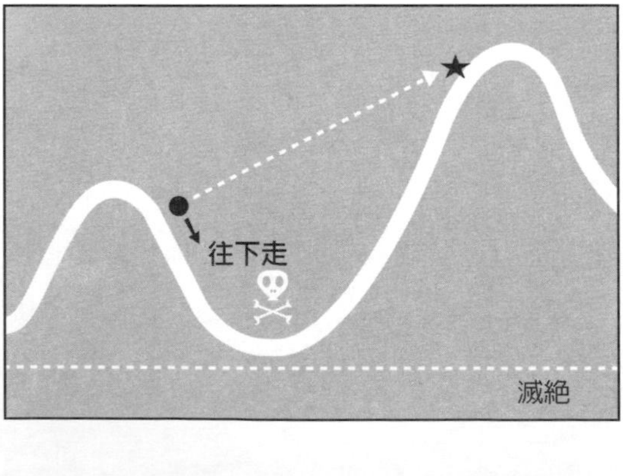

要攀上更高的山頭（更高的獲利來源）通常得先跨越一道較難調適的山谷。即使未來的景象極爲清晰，切不可誤以爲它的距離很近。

沒有挨家挨戶拜訪的業務代表、廉價、擺在書架上的小巧碟片，而且是需要經常更新的媒體。他們必須丟掉許多他們熟悉的。然而再清楚不過的，那兒是他們的未來。但儘管目的地異常清晰，通往終點的道路卻危機四伏。結果，這條路比他們想像得還要長。大英百科耗費了數百萬美元，業務代表成批地離職，公司幾乎瀕臨崩潰。他們陷入一段書本和光碟都行不通的可怕時期。最後他們完成多年前規劃的光碟版百科全書，但此時一個局外人（微軟）早已發行一套更好的。《大英百科》的未來目前仍是未知數，但他們所遭遇的艱困處境是常見的。未來學家保羅・沙弗（Paul Saffo）說道：「我們經常將清晰的未來景象，誤以爲近在眼前。」

今天，幾乎每一位業界人士對電視的未來都有一幅清晰的景象。它將會類似網際網路——你可以從五百個頻道中選擇節目，你可以購物，或許可以玩互動遊戲，或在看影片時選按螢幕來查看有關的詳細資訊。這在科技上辦得到，在物理上合乎邏輯，而且從經濟原理來看是可行的。但未來電視與我們的實際距離遠遠大於這幅景象，因爲從此處到彼處的路徑，蜿蜒穿過一片途中幾無落脚處的荒蕪地帶。雖然經濟原理在將來或許可以發揮效用，但在目前這片鹼性土地上，它們幾無任何作用。或許那些大型電視台或電腦、電話公司還沒有敏捷到（或饑渴到）敢於穿越死亡谷——即使早已看到成功的景象。

將網路送出去　跨越山谷時，只有一種策略算是穩當的：不要獨自一個人走。已具規模的公司目前都在做它們該做的事：結合數十個、甚至上百個聯盟或合作夥件；儘可能尋求多種的結盟關係及共同目標；建立網路來分擔風險。一隻雜湊而成的企業商旅隊可以懷著希望橫跨廣大的未知領域。結盟可爲它們的網路帶來數項好處。首先，它們可以共享地形、地貌的相關知識。有些探路的公司或許會發現一座機會的小山丘。在那兒落腳可以形成一小片機會的綠洲。如果能找到或建立足夠的中介綠洲，這趟長途旅程就變成沿著小型成功的群島進行的短途跳躍。若有愈多的公司、消費者、探險家和既得利益者嘗試跨越，則愈可能找到或建立群島。

如果某家汽車公司想要建立未來車——我們現在不難想像它的模樣——它得要組織一個供應商、執法單位、保險公司、築路者及競爭者的網路，來協助彼此迅速下坡及橫渡，如此方有成功的可能。

由誰負責往下走？　難得有領導者既能強勢地建造王國，也能創造性地破壞基業。難得有委員會願意廢止行之有效的措施。若是「外人」主張放走下金蛋的老母雞，這種建議難得被採納。因此，不只你要負責往下走，每個人都要。它只不過是網路經濟中的又一件差事。

質疑成功　並非每一次成功都必須徹底放棄，但是每一次成功都必須被徹底質疑。是否還有不錯的替代者？是否截然不同的備案可以吸引數倍以上的注目？你必須考量遠在天外的創新，那種「不在同一山頭」的創新。有沒有那種會改變遊戲規則的創新？要提防微幅的逐步改良——在同一座山丘上的碎步前進。這可能是一種逃避的形式。麻省理工學院媒體實驗室的尼葛洛龐帝宣稱：「逐步改良是創新的大敵。」

將搜索當成生活的一部分　在網路經濟裡，最強大的競爭者十之八九不是來自你自己的領域。在沒有多少標準已被鎖定的動盪時代，儘量廣泛地搜尋創新可能湧現的場所是非常要緊的。創新愈來愈常是由其他領域交互感染進來。不停的地毯式搜索——廣泛、輕鬆及浮面的搜索——是確保你不致措手不及的唯一方法。不必閱讀你那一行的專業雜誌；瀏覽其他行業的雜誌。去和人類學家、詩人、歷史學者、藝術家和哲學家聊天。雇一些十七歲的孩子替你工作。養成隨興逛網站的習慣。收聽電台的訪談節目。去上劇本創作的課程。如果你將這些相距遙遠的領域當成鄰居，你辨認出未來潮流的可能性將會大增。

註釋

①譯註：獨立單位（skunk works）是指企業組織中小而獨立的單位，通常是在幾乎不受監督的情形下獨自運作。ＩＢＭ研發個人電腦的過程即是獨立單位的佳例。當ＩＢＭ在一九八〇年決定進軍個人電腦市場時，它將研發小組設在佛羅里達州的波卡瑞頓（Boca Raton），遠離位於紐約州的總部，而且小組直屬於ＣＥＯ，以避開各種陳規的節制。這個小組果然在一年內研發成功ＩＢＭ ＰＣ，造就了日後龐大的個人電腦市場以及英特爾和微軟兩個新巨人。

規則 7

空間比場所重要

創造另一種形態的「大」

未來學者托弗勒指出：「大衆社會的時代已經結束。」
取而代之的，是非集體化的利基構成的世界。
利基生產、利基消費、利基娛樂、利基教育……
於是，這是一個「利基世界」，有社區，有同好團體，
有俱樂部，有科技專業組織，有宗親團體，有次文化，
有部落，有新興教派……
我們如今擁有的不是無線電視的大衆科技，
而是以網路爲中心的多種替代選擇。

「地理疆域已死！」

這句宣言早已是數位化及遠傳通訊提倡者的陳腔爛調。據說，普遍與廉價通訊的到來，將引導我們進入一個距離、場所、地域和疆界都變得無足輕重的時代。這觀念只對了一半。

場所依然重要，而且在很長的一段時間內仍將如此。然而，新經濟是在「空間」而非場所內運作，而且長久下去，愈來愈多的商業交易將會移到這個新空間。

地理和眞實的場所仍然會是，嗯……眞實的。城市仍然會繁榮，而一些獨特地點（如荒野或宜人的山城）的價値則只會增加，不會減少。

湯姆・彼得斯，那位老是逗人開心的企管宗師，喜歡用以下的說辭來恫嚇早被嚇暈的美國企業高級主管：「當心亞洲、拉丁美洲、東歐！他們聰明、動作快而且費用低廉。而且他們就在隔壁。你做夢也害怕的競爭者現在只離你八分之一秒遠！」八分之一秒是電子訊號從地球的一端旅行到另一端所需的時間。你能做的事，這些饑渴的競爭者全都辦得到，而且更便宜；還有，他們頂多只離你八分之一秒遠。簡言之，彼得斯宣告了距離之死及全球化的到來。

以上說的是壞消息。好消息則是這些地理上相距遙遠的競爭者，頂多只能將他和你的距離拉近到八分之一秒。而對生活中的許多事情來說，這已經太遠了。

譬如親吻。又譬如打球、觀賞花卉。銷售新式多人線上遊戲的公司已經發現，光速環繞地球所造成的延遲，儘管極爲短暫，已使得即時經驗失去眞實感。這種察覺得出來的時間差在傳送書籍訂單或氣象訊號時，實際上並無差別。但生命中相當多的事物依賴細密的立即反應而茁壯；對它們而言，八分之一秒便足以扼殺親密性與自發性。因此，眞正的、即時的面對面會議仍有其無可替代的價值。因此，航空交通成長的速率會和線上通訊一樣快。因此，城市這類連八分之一秒的延遲都沒有的場所，將會繼續存在。

人們仍將居住在場所，但逐漸地，經濟會駐留在空間。

場所受到四個維度的範限。如果兩個物體是緊臨的，它們至少在這四個座標軸中的某一個之上是彼此接近的：上下、左右、前後（即x、y、z軸）和時間。儘管實質場所多彩多姿（而且我們猶未完全領略），處身其中的物體能夠彼此連接的數目卻受到限制。位於某個場所中的人，只能和同一區域內固定而少數的幾個人互動。物體只能接觸到距離很近的其他物體。

空間則不像場所，它是由電子創造的環境。它是愈來愈多經濟發生的地方。和場所不同，空間有無限多的維度。實體（人、物體、代理者軟體、位元、節點等）可以上千種不同的方式及上千種不同的方向來臨接。電子空間中的人可以同時和一千萬個人通訊，或是與兩萬個人同時玩電腦遊戲——這些是在實質場所辦不到的。一輛汽車可以朝上百種方向連結——連結到塞在幾哩之外車陣裡的其他車輛、環境品質監測器、衛星導航天線、收費站，以及製造廠的引擎效能中心。在實質場所中，它則只能和在它前後剎車距離之內的車輛互動。

空間並不被鄰近性所侷限。空間的優點並非源於它們無關乎地理的虛擬性，而是源於它們吸納連線與關係的無限能力。藉由通訊，網路空間可以連接各類節點、向度、關係和互動，而不會僅限於那些實際彼此靠近的。

在今日的英語裡頭，「空間」（space）當作字尾來用時，常是「網路空間」（cyberspace）的簡稱。Cyberspace 這個詞源自一本科幻小說，原意是指令人類感官完全沈浸於其中的

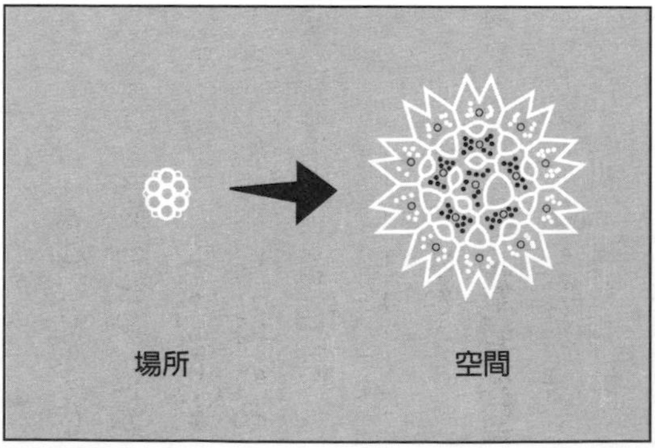

通訊的發明使得生命從球形的有機體演化成奇妙的形態。就像網路使得原先依附於場所的公司，在奇妙的空間中綻放。

電子空間①。但 space 一詞還有更深層的語源。「空間」在科技上的概念是來自數學和資訊科學。空間是科學家描述複雜系統的一種方式；非常複雜的空間有它們自己獨特的動力。在描述網路這種通常頗爲籠統與不明確的形式時，借用空間的意象是頗爲便利的。當網路包含了數十億個代理者軟體及物件時(網際網路上已經有十萬台以上的攝影機)，它是在數學家稱爲「超高維度」的環境運作，而且也包含相對應的新奇動力。隨著以電子爲媒介的環境逐步擴張，場所的影響力益形縮小，而複雜空間則益形擴大。當經濟滲透到每種網路媒體裡，它便將實質的市場（marketplace）替換成了概念上的「市場空間」（marketspace）。

網路經濟從場所移到空間。

在這個高維空間的新領域裡，網路經濟展現了下列數種空間形態的行爲：

■對於「大」的觀念有所改變

■出現四處可見的簇集

■同儕權威

■重新中介化②

在工業經濟裡，消費者不可能住在所有產品來源的隔壁。如果你想要香蕉，你需要許多中介者將它從宏都拉斯的蕉園送到你家的廚房。介於作者與你之間，有編輯、銀行、印刷廠、發行商、中盤書商和書店所構成的環鏈。介於你和健康維護之間，有醫生、護士、保險業及醫院行政人員。介於你和你的夢中汽車之間，有著一長串的礦工、冶金工、工程師、製造廠、貨櫃場、展示間和業務代表。這些中介者負責維持商品或服務的流動；有的完成產品（汽車工程師），有的提供個人化服務（醫院員工），有的則僅是將實際的商品送給你（運香蕉的船）。在商業理論裡，這條環鏈稱爲價值鏈（value chain）。在這條生產的長鏈中，每個中介的環節都會爲產品加上某種附加價值，來爲它加入到產品售價裡的費用，找到充分理由。各家公司競相擠入這條價值鏈；擠進之後，則努力增加它所控制的鏈條長度。

電腦和網路通訊最先讓人察覺到的效應，即是它們以令人驚懼的方式，破壞了傳統的價值鏈。未來學家保羅・沙弗將在新經濟中存活所需的多重互動稱爲「從價值鏈移動到價值網（value web）」。

在網路的市場空間，價值是在網狀結構中流動。

許多古典的價值鏈充斥了配銷商品或服務的中介者。以香蕉批發商爲例，雖然他們實際上處理到香蕉，而且通常得付出高昂成本來儲存它，但對消費者而言，他們最主要的價值是資訊上的。理論上，一小串香蕉可以在某個蕉園包裝後直接送到你家，減少中間批發和倉儲過程的中介者，從而降低成本。譬如，你應該可以直接向宏都拉斯的「最佳香蕉」公司下訂單，除了學校寒暑假之外，每週買一串香蕉；然後他們定期將香蕉寄給你。若要讓這想法切實可行，網路科技必須能夠做到：一、找到你中意的蕉園；二、準時將香蕉完好地送到你的手中；三、如果第一個蕉園的香蕉還沒成熟，能夠立即改由合作的蕉農出貨；四、追蹤像你這類小額買家的應付帳款；五、妥善處理數百萬樁所有如此複雜的系統必定會發生的日常錯誤和意外。

工業時代的科技無法做到這些，所以它用批發系統來取代網路化資訊。各地的零售點彙集訂單，然後交給大盤商；大盤再進一步彙集訂單，透過各種運輸中介商向蕉農的合作社訂貨，合作社再把訂單轉給各個蕉農。你的個人「訂單」就這樣消失在訂單的大海中；實則整個系統根本就忽視了它。接著這些中介者，再使用一個反向的產銷鏈，將香蕉送到你的手中。他們取得彙整完整的消費者資訊之前，香蕉就得暫時留在貨倉，以爲緩衝。

這些香蕉可能還得再等很長一段時間，才能跳出這條工業價值鏈，但你已經可用新方式來購買另外一些高價而且並沒有如此笨重的食品。各地的飲食鑑賞家可以直接找上栽種者來購買特製咖啡、原味的楓糖糖漿或是有機食品，然後再透過郵局或快遞網路取得貨品，完全跳過批發及零售的中介商。當美食家經由網站或郵購目錄直接向栽種者訂貨時，傳統的中介商便從這條產銷鏈中消失了。

銀行業最先感受到這種中介者角色在不知不覺中被去除的過程。它們相當正確地觀察到，當資訊科技開始滲透入銀行業，當法規管制開始放寬，似乎再也沒人需要銀行了——至少不需要像是官僚中介者的銀行。你從席爾斯百貨更容易得到貸款，投資相對基金的獲利更高，自動提款機的服務更好。銀行業者哀號：銀行功能已經被「去中介化」了！這種趨勢對典型的地區性銀行尤其眞確。金融系統的去中介化仍毫不放鬆地繼續展開；每週都有新的銀行分支機構關門。

隨著商業活動朝向知識及資訊移動，經濟的去中介化似乎將成爲無可抵擋的潮流。CD唱片和新聞報導之類數位時代的產品，爲何不選擇最短的途徑，從歌手或作者直接送達你的手中？最近的成功故事，如麥特・杜勒旨（Matt Drudge）的例子，爲網路跳過中介者的傾向提供了佐證。杜勒旨原先只是一位藉藉無名的好萊塢八卦新聞記者，使用家中的電腦寄發內幕消息給網路讀者。他的讀者愈來愈多，直到遍及全國，而他也成爲全國性的知名人物③。有些知名或不知名的樂團也在音樂領域做類似的嘗試。由於網路科技可以直接而迅速地將音樂傳送給樂迷，所以種種繁重的工作——如CD唱片的壓製和存放、將它們運送到全國各地、堆放到貨架上，然後爭取唱片行的陳列空間——似乎都消逝了。廣大的網路，沒有中間人，沒有無謂的紛擾。

然而，去中介化的實際成效目前仍未趕上它的潛力，而且它的潛力所投射出來的是一個大而駭人的陰影。零售商特別感到恐慌。倘若每個人都能登入網路，直接從製造商那兒比較、選購最便宜的冰箱，那麼百貨公司還有何用？倘若每個人都能直接向電影公司訂購影帶，那麼錄影帶店還有何用？倘若每個人隨時都有五千部喜劇節目可供選擇，誰還要看NBC？大盤商只能憂心忡忡地枯坐著；創作者和表演者則滿心歡喜。不管在哪一類商店，有限的展示空間阻滯了新小說、新專輯及新產品的推出。如今，終於，網路允諾了能夠打敗現行系統的方法。隨著全球資訊網的來到，貨架空間變成無限。那兒潛藏著每個人都可以攫取的成功！

早在一九九三年，當《連線》雜誌著手設立全球資訊網上最初的一個商業網站時，投稿者經常使用「無限的展示空間」這個說法。經常和它連在一起的是「跳過編輯」的觀念：編輯是多餘的中介者，作者和讀者並不需要屈從於這些中間人破壞品質且令人挫敗的過濾工作。未經編輯的文字將可以一字不改、維持原味地，直接由作者交給讀者。但我們做出來的第一個原型網站說服我們，這並不是能讓網路成功的方式。我們後來揭幕、而且迄今仍在經營的網站（Wired Digital），所根據的是另一個前提：在網路經濟裡，中介者具備驚人的價值。

網路的每樣東西，尤其是目前爲數超過百萬的網站，證明了預期網路經濟能消除中介者的人完全錯了。結果恰好相反。網路科技並未消除中介者，它反而大量孵育中介者。網路是中介者的搖籃。

網路走到哪裡，中介者就跟到哪裡。節點愈多，中間人就愈多。

因爲從任何地方、任何時間來完成一筆交易的成本實在太便宜，所以建立於這些微小的交易成本之上的菲薄價值，可以插入各種程序及產品裡。因爲每一筆微薄價值實在太便宜，所以傳統上只容許一個中介者的經濟空間，現在可以容納多個微薄價值。當交易成本跌落到毫釐之數的等級時，某些價值的小碎屑因爲可以加入到愈來愈多的程序中，所以仍然有利可圖。

這種網路的組合算術同樣提高了中介者的機會。網路的任何一個節點本來就都介於其他節點之間。網路成員之間的連線愈多，它所包含的中介節點就愈多。網路中的每樣東西都會擔任某種中介者的角色。

網路中的所有節點都是中介者。

總有一天，全世界每一個人都會有電子郵件信箱。到了那時，假如人人都想和他人分享心事，我可不願意每天收到六十億封電子郵件。既然全世界有一半的人可能會自己開業，其中又有一半可能是新創公司，我當然會盡一切可能在他們和我的信箱之間安揷中介者，來篩選、轉送或濾除傳入的郵件。同樣的道理，假設我要寄信給穆罕默德·江（一位我從來沒見過，住在中國回族自治區的老人），向他介紹我最

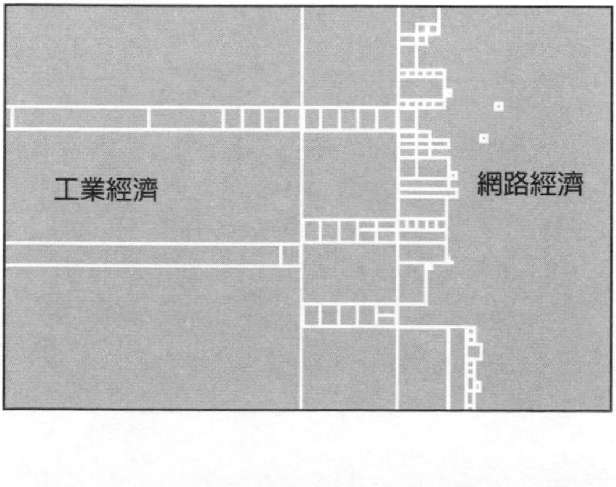

科技鼓舞了中介者的繁衍。爲數更多的小型公司能夠在原先毫無利基之處，找到它們的利基。

新的關節炎基因療法，首先我得透過中介者找到他，然後還得通過他的篩選軟體。我的郵件可能無法通過，所以我需要更多的中介者（廣告商？摸彩？徵信社？）來引誘他到公共場所（或許是賽鴿俱樂部，或許是他看電影的地方），好讓他注意到我的發明。當然，假如你在搜尋網站鍵入「關節炎最新基因療法」，很容易可以找到三萬兩千頁相關網頁。但你需要中介者來證明它們是否有醫療價值。你需要中介者來比較我和別人的價格。

新經濟的市場空間可以容納的中介者數目，遠多於傳統市場。這些不斷增加的中介者變成擴大的中間層。隨著網路的滋長，駐留在中間地帶層層重疊交錯的利益也會跟著滋長。事實上，這種超級中間層指的主要是形態，而非規模。

科技永遠影響著公司的規模。電梯的發明使得高層建築成爲可能，這些大樓可將數千名員工帶進一個緊密聯繫的實質空間。超高層大樓開啓了中央集權式企業的黃金時代。當電話普及到每個員工的桌上，這些中央集權式的企業又可將分支機構延伸到鄰近的城市及各州。如此一來，員工人數開始成長；通用汽車在一九六七年達到高峰，它的工廠及行政部門總共雇用了八十五萬名員工。

電腦和網路科技引導企業轉往另一個方向發展。以前需要八個人來完成的工作，現在藉由科技可能只需七個人。大量藉助這些科技的公司可以減少員工數，譬如今天的微軟大約雇用兩萬人，相對而言它的人事精簡多了。

如果公司因爲加入少量的網路科技而變小，那麼邏輯的推演告訴我們，倘若大幅採用網路，公司可以縮得更小，直到只有一名員工。某些統計數字似乎證實了這種趨勢。計入一千四百萬名個人工作者、八百三十萬名獨立承包商，以及二百六十萬名臨時雇員，目前全美總共有二千五百萬人是單人工作。如果這個趨勢再繼續幾十年，將來每個人都會變成沒有老闆的自由工作者(free-agent)，而美國也會變成自由工作者的國家。

然而網路的力量是雙面刃。網路不但造就了個人工作者，它也造就了超大型的組織。很可能將來出現的，不只有自由工作者國家，還有龐然怪獸（Godzilla）的國家。我們現在看到的，還不能算是龐大。由於通訊科技以空間置換場所的力量是如此不可思議，由於全球性的市場尚未充分開發，我們很快將會看到規模足以睥睨老通用汽車的龐大企業。我

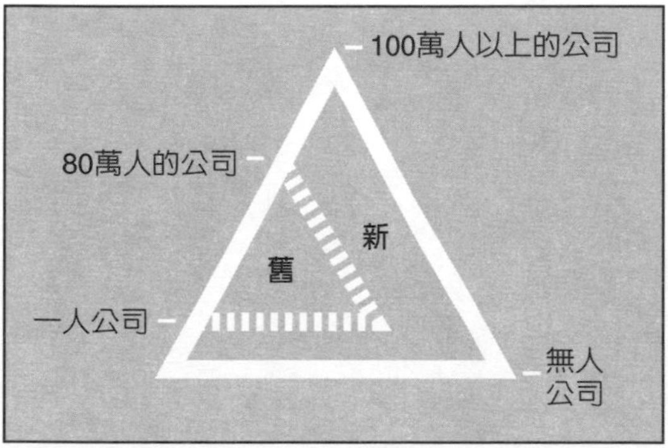

網路科技不但增加了最大型企業的規模，讓小型的企業更容易出現，同時也增加了中型企業的數目。

們可以想像一個眞正的全球企管顧問公司，像是 Andersen Consulting 或 Ernst & Young，將會有一百萬名員工遍布全世界。

然而未來的大，將會是另一種形態的大。

網路空間衡量大小的標準將有所不同。新型的組織會是扁平、橫向延展、擴散出去的，有著多重核心，互相層層包被，而且中間層肥大。商業公司改變的重點是在形態，而非規模。

在工業時代，公司規模傾向於向兩極發展。一邊是「世界」（亦即集體），另一邊是「我」。工業化強調量產的大規模效率，這很快可導引出大衆消費和大衆社會。整個社會都傾向於追求大，乃至最大。假如某樣東西値得好好地做，那它就値得以全球的規模來做。巨大的野心形諸最高的摩天樓、最大的工廠、最大的水壩、最長的橋樑。這個時代的通訊科技同樣一意求大。書報雜誌及無線電波（它們在工業時代的重要性不亞於鋼鐵）從單一發送來源告知、教育和動員數以億計的人。再也沒有別的能比電視更恰當地闡釋「大」的力量：小小的光點放大後，立即橫跨數千哩，同步抵達數十億人。

另一方面，第二次世界大戰之後，大量廣告及個人崇拜則餵養了「我」的意識。對心理分析、自我、個人表現及自尊的著迷，最終在一九七〇年代起的「我的年代」（Me decades）達到高峰④。剛到來的資訊時代又鼓舞了人們更進一步地追求個人主義。除了有個人教師、個人顧問以及種種個人化的事物，我們還有了個人電腦。

被工業化遺棄的是介於集體與個人之間的中間領域。中間領域曾是每個人生活以及大多數事物發生的地方。曾經繁盛一時的地方小鎮（規模約數萬人）、一般社區（數千人）及鄰里（數百人）都屬於中間領域。場所將中間領域擁抱得很好。

然而場所的活力被集體化和個人化的雙重壓力削弱。現代的邏輯是：你必須討好每一個人，否則就是只討好自己。大衆社會及個人崇拜都沒有能力來處理中間層的獨特動力。對於只針對五千人爲對象的創新產品或服務，工業時代所提供的經濟或科技支援極少。舉例來說，不管是廣播或個人晶片都無法處理鄉鎮或鄰里大小的規模。

網路經濟鼓勵了中間的空間。它提供科技（這是工業時代做不到的）來培育中型奇蹟。

供量產之用的科技仍將存在；個人化的科技也會快速發展。但我們所擁有的科技，終於能夠很恰當地符合比集體來得小，但比自我來得大的規模。我們擁有了充滿「中間性」的網路科技。

誠如未來學者艾文・托弗勒（Alvin Toffler）所云：「大衆社會的時代已經結束。」他逐一點出傷亡者：「不再有大量生產，不再有大衆消費，不再有大衆教育，不再有大衆民主，不再有集體毀滅的武器，不再有大衆娛樂。」

取而代之的，是非集體化的利基構成的世界。利基生產、利基消費、利基娛樂、利基教育。於是，這是一個「利基世界」，有社區，有同好團體，有俱樂部，有科技專業組織，有宗親團體，有次文化，有部落，有新興教派。（這兒描繪的世界絕非子虛烏有。）我們如今擁有的不是無線電視的大衆科技，而是以網路爲中心的多種替代選擇。

關於中間層未受到妥善服務的問題，我們可以在通訊媒體方面看得很淸楚。假設你每天得和一萬個人說話，除非你的對象侷限於某一地理區域（如一個小鎭或是某個小城的一區），否則根本做不到。你可以對一百萬個不認識的人廣播，期望碰巧有一萬個你想要的對象聽到。或者你可以把與你聯絡的人，一個一個地彙整到一張名單，然後再直接傳送訊息給他們。兩種方法都很笨拙。零售商將這稱爲「困難的中間層」（hard middle），因爲要服務一萬個有著相同興趣，但地理分布零散的消費者是非常困難的。零售商渴望吸引中間層。他們深知，單憑赤裸的金錢交易是無法取悅人們的，他們還需要其他的市場基本要素——對話、閒晃、調笑、觀看路人。在做生意之前，你需要一個社區，需要中等數量的人們彼此互動。

先要衆人聚成一個村落，然後才有市集。社區先於商業。

「困難的中間層」是一個普遍存在的問題。我們有工具來擷取一本書中的想法：它的索引和目錄。我們有工具來擷取百萬冊藏書的圖書館的知識：它的圖書分類卡。但我們沒有工具來擷取「困難的中間層」的想法，不管它是一萬名學者或是一千本書。舉例來說，我們在哪兒可以找到一張關於美國內戰全部文獻的關鍵字、關鍵主題及關鍵理念的清單？

直到最近，這是不可能的。但現在，我們的腦海裡立刻會浮現WWW的符號，我們看到全球資訊網具有創造中間地帶的潛力。在前述美國內戰的例子裡，我們可以挑出所有相關文件的超連結，將它們分門別類，以產生一個中等範圍知識的索引。

電子空間鼓勵中等社區。既不像廣播，也不像PC晶片，網路可以促使能量從某位朋友的朋友流到另一位朋友的朋友。網路結構可以尋找、耕耘、說服、管理和培養中等規模、有著共同興趣的群衆和社區。換句話說，那就是利基市場。雜誌這種媒體是根植於郵政「網路」，它服務利基市場已經上百年了。但是新起的寬頻網路提供了許多郵政網路（和雜誌）無法提供的關係：自動回覆、完全對稱的頻寬、眞正的同儕通訊、分類歸檔、篩選、社群的集體記憶等。

網路邏輯可以下列數種方式支援中間空間的成長。

第一，急速下降的資訊費用，使得我們能夠以遠比過去有效的方式，來找到同好，並將他們連結起來。一旦連繫後，低廉的交易費用可維持這些連線的蓬勃發展。

第二，對稱的郵件傳遞、文字、影片、聲音、立體空間、檔案庫、隱私控制，這些全都強化了虛擬社群經驗以往微薄的吸引力，讓社群更能持久。

第三，網路中電子貨幣的普及意謂著，每一利基都有能力來開創某種草根經濟。接上網路經濟以後，原本愛犬人彼此交換的養狗心得，現在對整個社群來說都變得有利可圖。

第四，網路經濟破除疆界的特性意謂著，理論上孕育中

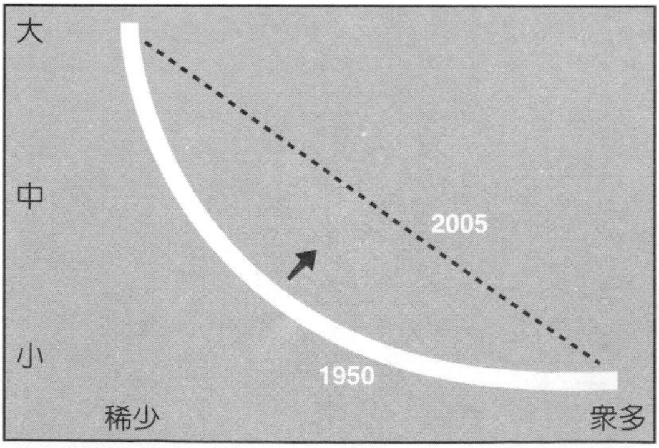

適於社區或鄉鎮規模（亦即所謂的「困難的中間層」）的服務和商品，在網路科技的協助下，具有經濟上的開發意義。

的各種社群都可以從更大的範圍來吸引潛在成員：從全球六十億人當中。報酬遞增定律可以將一小股興趣培養成中等規模的興趣。以往每一個想法都有一個孤獨的熱愛者，現在則是每一個瘋狂的想法都會有一個專門的網站。很快地，每一種想法都會有上萬名熱愛者。

網路經濟讓「同好部落」和消息靈通的同儕的力量動了起來。接上網路之後，業餘者在發現彗星、尋找化石、追蹤鳥類遷徙等方面，做得比專家還好。在因共同興趣而連成網路，彼此交換心得之後，這些業餘者甚至用新得連學校都沒教的電腦語言來寫軟體。這些自我組織的社群，藉由網路而從默默無聞中崛起，成爲新的權威。

以默片癡和隕石收集者爲例，因爲網路空間把他們凝聚成一個中等市場，使得他們終於可以得到公司企業專門針對他們而提供的服務，所以他們會迅速地麇集到網路上。埃及學研究者及癌症病患可以建立一個中等規模的、關於理念與知識的市集（既非無足輕重，亦未過度龐大）。在大衆市場裡，少數民族或克林昂語⑤社群之類的利基群體找不到容身之處，但網路經濟爲他們建構了專屬空間。

然而大衆廣播電視和大印量的出版並不會消失。同儕網路的主要優點——透過互相平等的節點所構成的網路，資訊像漣漪一般逐漸擴散——也正是它的主要缺點。資訊只能藉由「間接滲透」來推進，像聊天、閒扯一樣地傳遞。網路變成了一叢密密麻麻的障礙物，妨礙了對全體的同時傳布。

網路從大衆媒體（mass media）轉變成混亂媒體（mess media）。

在這新的混亂媒體裡，謠言、陰謀及偏執狂四處蔓延。這些永遠是社群的缺點，網路中間地帶也必須學會如何處理難以穿透的密網及偏執的情感。若能善用這些缺點，廣播仍可共生式地在網路經濟裡繁榮。有時候網路仍需要做全面性的即時告知，這時就需要用到廣播，亦即將內容直接推送給使用者。網路需要廣播來聚集注意力，而廣播需要網路來找到社群。

網路科技擴充了各種規模的群體。它讓最大的變得更大，讓最小的變得更小。要不了多久，我們必將可以目睹有史以來最龐大的機構，以及有史以來最小的。譬如有些銀行將成爲龐然巨物，但同時另有一些銀行則縮小成皮夾裡的智慧卡，而且這類銀行將以數以百萬計的數量成長。中間層當然也擴張了。那些曾被場所服務得很好，但現在難以到達的區域又再活絡了起來。

網路節點和連線的空間建立了新的社會組織、新的公司形態，它們的規模奇特，它們的結構異於傳統。我們正要進入另一個世界，在那兒，幾乎任何形態的企業都是可能的。

策略

網路僅有的一面就是外面　就像一個快速旋轉的銀河系，網路蘊含了一股毫不容情的力量，將所有事物從內部推送到外緣。因爲內部幾乎沒有留下甚麼，活動幾乎都在邊緣發生。商業公司不應抵擋這股離心力，而應考慮將雜務對外發包給其他同樣形態模糊的網路化公司。對於網路外旋力最有利的妥協，是將看似核心的業務對外發包。舉例來說，有些航空公司將貨運業務外包出去，即使貨物是以它們自己的飛機來運載亦然。人們可以找出一千零一個不能將核心業務外包的理由，但其中的九百九十九個理由忽略了網路經濟的離心力。

準備接待瞬間湧現的人潮　電子空間釋放出一大群訪客：他們可以在一瞬間湧現，然後在一瞬間離開。在深藍電腦與棋王蓋瑞．卡斯帕洛夫（Gary Kasparov）進行西洋棋賽的期間，IBM的網站有五百萬人次造訪。但當比賽結束後，整個網站就空了。一九九六年美國大選的前夜，CNN網站嘗到五十萬人次搶著上網的經驗；第二天，人潮全都走了。今天或許有一大群人在敲你的門，但明天他們就消失了。廣大的群衆就像潮水一樣，隨時在各個熱門地點之間流動。所以網路空間的基本要求是：爲了容納突然湧現的人潮，你必須事先準備，一切就緒。

註釋

①譯註：出自威廉・吉布森（William Gibson）一九八四年的小說*Neuromancer*。在小說中，cyberspace（網路空間）係指全世界的電腦所構成的龐大網路，人腦可以直接連上網路，在虛擬的三度空間裡從事各項活動。一九九〇年代中期，網際網路開始流行後，有些媒體便將網際網路稱爲cyberspace。

②譯註：作者所列的四個要點相當抽象，乍看之下不易理解，故簡單解釋如下：

一、對於「大」的觀念有所改變：指在無形化的趨勢下，大小已不再是由實際的尺寸或數量來衡量。此外，未來的大型組織，規模也將遠大於目前的。

二、出現四處可見的簇集：指原先散落、獨立的個體，如今能夠有管道匯聚起來，於是到處都出現中小規模的團體。

三、同儕權威：指小團體的成員成爲彼此的專業權威來源，亦即打破知識原先不對稱的、單向的關係。

四、重新中介化：指在網路社會裡，目前這種僵化、制式的價值鏈將被打破，既有的中介者將面臨嚴酷的挑戰，但另一方面，由於網路關係變化不定，人人也都可以成爲新的中介者。此外，由於有適當的科技支援，原先已從歷史上消失的各類中間層又再度出現，而且類型更爲豐富。

③譯註：杜勒旨以新聞工作爲職志，高中畢業後嘗試過多項工作，卻始終無法打入新聞媒體圈。一九九五年，他開始利用電子郵件免費發行自撰的新聞通訊《杜勒旨報導》（*Drudge Report*），報導政治界及娛樂圈的小道消息。他的報導以快速、聳動見長，難免無法兼顧新聞的完整和正確（他曾自承他的新聞「有八〇%是正確的」）。儘管如此，《杜勒旨報導》仍在網際網路上快速竄起。

讓杜勒旨成爲家喻戶曉人物的，是他在一九九八年初率先披露《新聞週刊》握有柯林頓總統婚外情的資料，此事經由各媒體轉述及擴大報導後，演變成日後的性醜聞及總統彈劾案。杜勒旨也因此成爲新聞節目競相邀請的來賓，福斯（FOX）電視網並爲他開闢節目。《杜勒旨報導》的網址是：http://www.drudgereport.com/。

④譯註：「我的年代」（Me Decade）原出自美國當代作家湯姆・伍爾夫（Tom Wolfe）一九七六年的長文"The Me Decade and the Third Great Awakening"（我的年代及第三次大覺醒），文中描述當時美國社會自我中心及追求個人享受的趨勢。美國人習慣將當代歷史依十年作一斷代，並且給予一個名稱，一九七〇年代便被稱爲「我的年代」。後來亦有人將一九八〇年代稱爲「我的年代」或「以我優先的年代」（Me-First Decade）。

是故，本書作者以此泛指七〇和八〇年代。

⑤譯註：克林昂（Klingon）是影集《星艦迷航記》裡的外星民族。製作單位在塑造這個民族時，爲求逼眞起見，特別延請語言學家 Marc Okrand 設計整套的「人造」語言——字彙、文法、成語、書寫系統一應俱全——並且衍生出克林昂語書籍及錄音帶等周邊商品。由於角色的塑造頗爲成功，《星艦迷航記》的影迷中又產生一個克林昂迷的分支，他們熱中地學習、研究克林昂語，出版學術刊物，甚至嘗試將聖經及莎士比亞作品譯成克林昂語。詳細的資訊，可以參考克林昂語言研究院（Klingon Language Institute）的網站：http://www.kli.org/。

規則 8

流動比平衡重要

找出可長久維繫的不平衡

創新就是在混亂的邊緣持續流動。

新經濟的黑暗面在於：不斷有公司、個人職位，

乃至整個產業滅絕——他們或是被超越、淘汰了，

或是蛻變成新領域裡的新公司、新工作、新產業。

當流動靜止下來，企業便會逐漸死亡。

在 1980 年至 95 年間，歐洲保障了 1,200 萬個政府工作，

但在促進穩定的過程中，私有部門裁減了 500 萬個工作。

同一期間，美國雖有 4,400 萬個舊工作從私有部門消失，卻另外

創造了 7,300 萬個新工作，實際上增加了 2,900 萬個工作機會，

而在這過程中，美國仍然保持了 1,200 萬個政府工作。

從工業時代的觀點來看，經濟是一部需要微調到最高效率的機器；一旦調整妥當，就應讓它維持和諧的生產運作。特別能夠製造工作機會或商品的公司或產業，社會更必須不計代價地加以保護及鍾愛，彷彿這些公司是玻璃盒裡的名貴手錶。

隨著網路布滿我們的世界，經濟變得像是有機體的生態系，交互連結而且共同演化，不斷地流動，深深地糾結，永遠都在邊緣擴張。我們從最新的生態研究得知，自然界中沒有平衡存在；相反地，隨著演化的推進，不時會有新的物種取代舊的，生物群落的結構發生變化，有機體和環境彼此改變，因此自然界永遠是在混亂之中。

即使是最具典範意義的闊葉林及海岸濕地，儘管有著物種之間的奇妙和諧，都仍是移動中的暫時結盟。自然界的和諧是一剎即逝的。只要經過一段相當短暫的生物時間，物種間的平衡就開始擾動，生態系統的位置開始游移，而其中也不時有新的動植物加入，舊的動植物消失。

從網路時代的觀點來看，經濟亦復如是：公司迅速地出現和消失，職業生涯是各種工作縫綴起來的百衲衣，產業是由不斷變動的公司所形成的不確定集合。

工業經濟以及剛萌芽的資訊經濟，對變動並不陌生。艾文・托弗勒在一九七〇年創造了「未來震盪」（future shock）這個辭彙，來描述人類對於這種加速變遷的時代的合理反應。

但是網路經濟已經從「變動」轉變成「流動」。

變動始終是快速的改變，即使是最撼人的變動亦然。相對而言，流動則頗似印度教的濕婆神（Shiva），是一股毀滅及創生兼具的創造性力量。流動扳倒了既存者，爲更多的創新及新生鬮建舞台。這種生生不息的狀態，你可以說是「加乘再生」的狀態，毀滅中再生的總多於被毀滅的。而它的創生迴旋在混沌的邊緣。

德州大學的唐納·希克斯（Donald Hicks）接受德州政府的委託，研究過去二十二年裡德州企業的半衰期。他發現自一九七〇年開始，它們的壽命縮短了一半。這是變動。但在奧斯丁（Austin），儘管它是整個德州裡新企業平均壽命最短的城市，它所創造的新工作和高薪職務卻是全州數量成長最快的。這是流動。

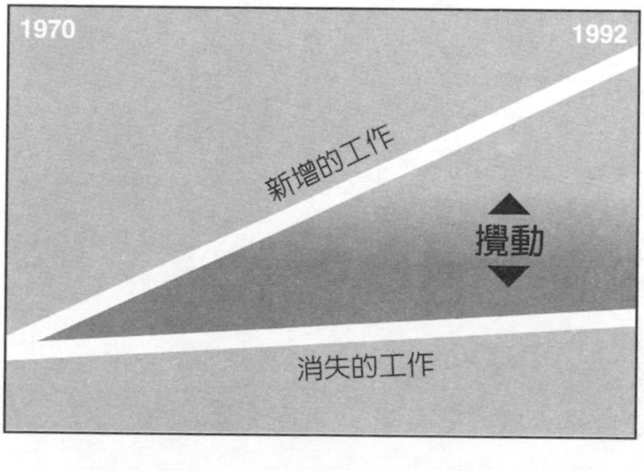

舊工作消失的數目雖然增加了，但比不上新工作數目增加之速。更重要的，後者領先前者的幅度不斷擴大。

希克斯告訴他的研究贊助者：「德州人在二〇二六年（甚至提早到二〇〇六年）時所需仰賴的雇主和工作，絕大多數現在都還不存在。」因為流動的作用，若要在二〇二〇年時產生三百萬個新工作，就總共必須製造一千五百萬個新工作。《企業》（*Inc.*）雜誌的烏辛（Jerry Useem）在報導希克斯的研究時寫道：「他認為，與其將工作視為必須予以保護與擴大的定量總和，德州政府應該將焦點集中在鼓勵經濟攪動——亦即持續地重造德州的經濟。」①吊詭的是，唯有倡導流動，才有可能達到長期的穩定。

當流動靜止下來，企業便會逐漸死亡。拿德州及美國其他四十九州來和歐洲聯盟比較：在一九八〇年和一九九五年之間，歐洲保障了一千兩百萬個政府工作，但在它促進穩定的過程中，私有部門裁減了五百萬個工作。同一期間，鼓勵流動的美國，雖有四千四百萬個舊工作從私有部門消失，但又創造了七千三百萬個新工作，實際上增加了二千九百萬個工作機會，而在這過程中，美國政府仍然保持了一千兩百萬個政府工作。只要你能耐得住動亂，流動才是贏的策略。

對生態學家及管理大型網路的人而言，持續流動的觀念並不陌生。一個複雜網路要能長久保持活力，它必須要持續促使自己失去平衡。

如果系統停留在和諧與平衡的狀態，它最終將僵滯而死。

創新即是造成混亂；持續創新即是不斷造成混亂。一個良好網路的目標，似乎即在於維持永久的不平衡。有些研究新經濟的經濟學家（包括保羅・羅默〔Paul Romer〕及布萊恩・亞瑟）也得到類似的結論。他們的著作指出，堅實的成長係藉由持續在混沌的邊緣維持平衡而得以維繫。亞瑟寫道：「倘若我有一個一貫不變的目的，那即是闡明蛻變、混亂與轉型對經濟而言是非常自然的。」

「混沌」與「混沌邊緣」的差別是極細微的。蘋果電腦嘗試追求持續的不穩定，以保持創新力；但它可能搖晃得太劇烈，使得它朝向滅絕的方向崩坍。不過，倘若它能繼續保持好運，或許它能在死裡逃生後，找到一座新山頭來攀登。

流動性的黑暗面在於：新經濟是建立於不斷有公司滅絕之上——這些公司或是被超越、淘汰了，或是蛻變成新領域裡的新公司。產業及個人職位也體驗到這種攪動。對勞工而言，即使是一系列快速的工作變遷也開始過時了（終身雇用就更別提了）。取而代之的，個人職業生涯（假如這個辭彙還能適用）將愈來愈類似多樣與同時交疊的工作機會所構成的網路，不斷有新的技能出現，也有舊的角色被淘汰。美國已經有約百分之二十的勞動力不屬於那種傳統式、面對單一雇主的僱用關係，其中有百分之八十六的人表示他們喜歡這種工作形態。

再也沒有任何地方比南加州的娛樂事業，更能清楚地看出這種不斷流動的趨勢。好萊塢的「文化／工業複合體」並不僅限於電影，還包括了音樂、多媒體、主題樂園設計、電視製作及廣告。

那些大型製片公司已不再拍攝電影。如今，電影是由組織鬆散的小公司網路所拍攝的，大公司只是掛名而已。只要有一些攝影班底，四、五十家專業公司配合，再加上幾十位自由工作者，即可組合起來，拍出一部電影。其中的參與者包括特效公司、道具專家、燈光技師、人力資源公司、保全人員及餐飲服務公司等。在電影製作期間，他們的組合就像是一家公司，但在電影完成後，成員就四散了。不久之後，他們又會以適於籌拍某部電影的全新組合，聚集起來拍片。科幻作家布魯斯・史特林（Bruce Sterling）以他獨特的方式來描述這種好萊塢電影「權宜式組織」的流動性。他說，講起拍電影，「你把好些自由工作者趕成一堆，做出某部電影，再拿它當廣告看板來銷售周邊產品，等到這東西變成錄影帶時，所有的人都不見了」。

目前洛杉磯地區員工人數超過一千人的娛樂公司不超過十家。當地從事娛樂事業的二十五萬人中，據估計百分之八十五的公司員工數少於十人。一九九五年，喬伊・科特金（Joel Kotkin）在《企業》雜誌發表了一篇劃時代的文章〈爲何所有企業都將像演藝事業〉（Why Every Business Will Be Like Show Business）。他在文中說道：「好萊塢已經從傳統龐大的垂直整合企業所組成的產業，蛻變成全世界最佳的網路經濟範例。最終，所有知識密集的產業都將成爲同樣扁平、原子化的狀態。好萊塢不過是第一個達成的。」

矽谷緊追在好萊塢之後。所謂的ＩＣＥ產業——資訊、通訊和娛樂（information, communication and entertainment）——全需仰賴速度和彈性，才能在一個快速、充滿彈性、不斷自我變化的環境裡生存。事物變動得太快，使得任何企業看來似乎都過於僵硬和拘謹。你永遠無法迅速改變一個官僚體系，所以根本不要讓它產生。

網路極度地擾動與不確定，它不斷摧毀目前行之有效的事物；相較之下，托弗勒所謂的未來震盪顯得馴良得多。人是安於現狀的動物，我們難免會質疑是否有必要放棄既有的成功。毫無疑問地，如此多的新事物不斷地、猛烈地出現，必定會令我們疲於應付。網路經濟如此地擅於自我更新，我們或許會覺得，這種永不停止的「誕生潮」是另一種形式的動亂。

就其理想而言，新經濟的首要目的正是逐公司、逐產業地去除工業經濟。

當然，實際上，工業的皮層是無法去除的。但一個由更新、更敏捷、更緊密連繫的企業所組成的大型網路卻可能圍繞著它形成。這些新興公司依賴的正是持續的變遷與流動。

其實變遷本身並不新奇。一般的變遷只會令人厭倦。大多數的變遷只是攪動，隨便擺置一些產生不了甚麼作用的新奇事物。在這些時期，攪動正是現狀。但在另一個極端，變遷可能非常劇烈，以致既有的基礎也爲之摧毀。變遷有時也可能過了頭，就像有些發明因爲超前時代太遠而失敗。

網路經濟所促成的則是選擇性的流動。這是正確劑量下的正確變遷。幾乎在任何方面，我們所指的創新其實是這種變遷。

「創新」這個詞已經被濫用，以致它眞正的含義反而難以彰顯。眞正的創新，步伐既不是太過謹慎和「淺顯」（如電腦顯示器從單色變成彩色，便是淺顯的變化，算不得是眞正的創新），也不至於走得太遠。創新所帶來的變化，既不是漫無目的的攪動，也不至於太過離譜，而令人難以接受。我們不會把任何物品略加修改的變體稱爲創新。同樣地，我們不會把只在理論上可行，但沒有實際效用的東西，或是需要每個人的行爲大幅改變才能收效的方法稱爲創新。

眞正的創新所做的改變必須大到具有危險。它是那種一旦不愼，即會失之荒謬的變遷。它踩在危機的邊緣，但不越界。眞正的創新是嚇人的。它絕非和諧。

創新的選擇性流動遍布了網路經濟，一如效率的觀念遍布了工業經濟。儘管就創新言，設計更多有趣的產品是家常便飯，但它的作用絕不僅止於此。創新和流動充滿了新經濟的整個新興空間。創新首先見於下列領域：

■新產品
■新的產品類型
■製造新產品或舊產品的新方法
■製造產品的新組織形態
■新產業
■新經濟

所有這些創新的流動，都會因爲有變遷（危險的變遷）盤旋於其中而蜿蜒曲折。也難怪有人總會爲創新而癡狂、興奮。也難怪企管宗師們不斷地喃喃陳述創新的必要性。他們這樣做是對的。儘管公司仍需要追求卓越、服務品質、組織再造及即時反應，但只有創新的旋風，才最能體現新經濟的最終長期任務。

介於妥慎規劃的秩序所造成的僵滯而死，以及混沌所造成的衰變之間，這正是生命生長的地方。太多的變化可能會失控，但太多的規則——即使是新規則——可能導致癱瘓。最佳的系統總是靈動的，規則不多，而且近乎混沌。成員之間要有具備足夠拘束力的協議，來確保他們不致陷於失序狀態，但仍充斥著冗餘、浪費、不完整的通訊及無效率。

我曾親身參與進行成功變遷的團體，也聽聞過許多、許多其他團體改變世界的創新實例。我相信，所有這些工作團隊，顫巍巍地走在混沌的邊緣時，也正處於表現的巔峰。不管他們擺在大眾或投資者面前的門面是甚麼，在幕後，大多數成員總是邊跑邊大叫：「這兒已經無法自制地失控了！」

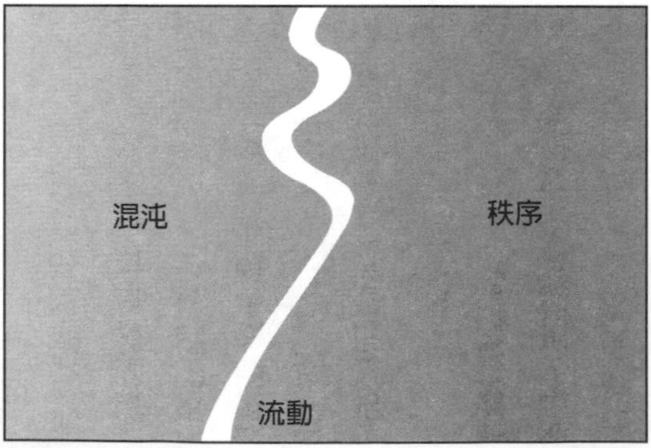

因爲大型系統必須踩在秩序造成的僵化與混沌造成的毀滅之間的微妙分際，網路傾向於處在持續混亂與流動的狀態。

雖然每個組織多少會有點機能失常，但具創造性的組織，在它們最光榮的時刻，總會出現一些特殊現象：成員間的溝通嚴重失調，湧現的才華猛烈地四處迸發，失序的嚴重程度似可危及組織的存續。每個參與者都發誓，他們將來一定要制定足夠穩定的制度，以避免下次再次失控。但我從未見過激進的創新，不是來自一個處於變動震央，快要潰散的組織。大多數關於複雜系統中最適演化的研究證實了這個觀點。追求最大幅度的進步性變遷，所必須付出的的代價便是朝崩潰邊緣邁進，一個危險（但過癮）的旅程。

儘管許多團體經驗過這種創造力源源而出，而且結局完美的偉大時刻；但企業及人生的最高目標，是設法維持這樣的時刻，持續處於終極「平衡」的狀態。創新源自創造性的不平衡，所以想要持續創新是需要高度能耐的。

要能持續創新，你必須尋求持久的不平衡。要尋求持久的不平衡，你必須追求混亂，但不屈服於混亂，或在它面前退縮下來。

公司、機構或個人必須持續停留在一種搖搖欲墜的狀態。雖然處於這種即將跌倒的危險位置，但每次到最後總能維持平衡，並沒有真的摔下來。它不能爲了避免傾斜，而將自己固定住。它有點像是在災難的邊緣滑行，但藉助下墜的力量，以優美的姿勢推進。

許多人將它譬喻成衝浪：你乘上一個不斷崩落的浪頭，然後棲身在持續分解的波峰，你駕馭它的動盪來前進。

創新是難以體制化的。它經常需要打亂自己創造新事物的規則。其實根據定義，創新指的是突破既定的模式；換句話說，創新是要跳脫公式。在劇烈流動的時期，就像現在這種從「資源經濟」轉變成「知識連線經濟」的過渡時期，變遷邁入了不同的層級。

變遷有各種不同的層級。有遊戲的改變，有遊戲規則的改變，還有遊戲規則變更方式的改變。

第一個層級——遊戲的改變——產生了現在看得到的變化：新的贏家和輸家、新的企業、新的英雄。我們看到 Wal-Mart 和 Nucor 鋼鐵公司之類企業的崛起。

第二個層級——遊戲規則的改變——產生了新的企業形態、新的經濟部門，新的遊戲種類。這一類的變遷產生了微軟和亞馬遜網路書店（Amazon.com）之類的公司。

第三個層級的變遷，這是我們現在正要邁入的，則是改變了變遷發生的方式。換言之，變遷改變了它自己。新經濟固然促成了前兩個層級的變遷（指所有這些新企業和新企業部門），它最深遠的影響卻是它改變了變遷的方式。變遷加快了自己的速度。它蛻變成爲創造性毀滅。它造成流動。它擴散成「場效應」，讓人無法精確指出起因。它顚覆了舊的變遷方式。

科技系統中的變遷愈來愈像生物系統的。我們得花很大的力氣來習慣這點。網路眞的會成長。演化眞的可以植入機器中。科技的免疫系統能用於控制電腦病毒。這種新生物主義（neobiologicalism）直接地滲入了我們的新經濟。逐漸地，生物學的譬喻會愈來愈適用於解釋經濟現象。

把經濟當作生物，彷佛它是活的，確是鮮明有力的比喻。但這絕非新時代（New Age）的噱頭。亞當・史密斯（Adam Smith）早就以「看不見的手」來譬喻經濟的生命。馬克思（Karl Marx）經常提到經濟的生物特質。連以講究實際著名的經濟學家阿弗列德・馬歇爾（Alfred Marshall），也在一九四八年寫道：「經濟學家的麥加聖地位於經濟生物學。」當時正値工業經濟的高峰，才剛感受到即將來臨的資訊威力的初次騷動。

衆所周知，生物系統向來難以用理論模型來解釋，甚至更難預測。直到最近，經濟學一向安於採用平衡的觀點來理解經濟現象，主要的原因是我們根本無法進行任何更複雜的計算。弔詭的是，在經濟中激起流動的電腦科技，現在我們用來建構經濟的理論模型。藉由功能強大的晶片，我們可以爲經濟擬構出動態、學習、自我滋長的理論模型。

不論是就網路經濟的實際或是我們對它的理解來看，它都是一個幾乎容不下和諧或靜態的場所；相反地，它是一個越來越要求流動和創新的系統。倘若你能夠明智地掌握變遷，巧妙地處於安全與災難之間的分際，你將可以得到豐厚的報酬。

策略

冒險到混沌的邊緣　付出劇烈攪動的代價：爲冗贅、無效率背書，激怒那些有潔癖的傢伙。如果沒有人向你抱怨這個場所有多麼混亂，那表示你有麻煩了。你不需要讓整個組織都陷入混沌狀態（至少我們會希望饒過會計部門），但那些關鍵部門得要是。你可能得輪換工作任務。坦白說，失衡狀態是非常難維持的。

充分運用流動性，不要禁止它　消除電話噪音及傳輸不穩定的傳統方法，是在通話雙方之間建立一條最短、最不受干擾的線路。它採取穩定的路徑。相對而言，網際網路則訴諸極度混亂的變化，而它很快將會接掌整個電話系統。網際網路將訊息（包括語音）拆成碎片，透過冗餘的路徑來傳送；每當有資料在嘈雜的線路中遺失了，它就再重送。網路邏輯並不禁止錯誤，而是假定錯誤是必然的，並從極度混亂的流動中學習。找出流動的浪潮在哪兒，然後乘上它。

你無法安裝複雜系統 網路傾向於抗拒大規模的劇烈變動，採行一個大型新系統的唯一方法是讓系統成長。你無法安裝它。自從蘇聯瓦解後，俄羅斯試圖移入資本主義，但它無法安裝這套複雜的系統；它必須讓它成長。網路經濟偏好以許多小型的網路來組合成大型組織，並讓這些小型網路繼續維持它們的自主性。同理，網路需要成長，而非安裝。它們需要長期累積。要形成一個大型網路，你必須從一個可以運作的小型網路開始，然後加入更多精密的節點和層級。每個成功的大型系統都曾經是成功的小型系統。

保留核心，讓其他的自由流動 柯林斯（James Collins）和波瑞斯（Jerry Porras）在他們合著的暢銷書《建立可長可久的企業》（*Built to Last*）中，有一個令人信服的見解：那些長壽的公司，只要維持以某些不變的價值所構成的極小的核心，然後在其他各方面刺激進步，即可望達成五十年以上的繁榮。有時候「各方面」甚至包括公司的營業項目，比方說，從採礦改成保險。除了核心價值，任何事物都不應免於流動。任何事物。

註釋

①譯註：烏辛的文章“Churn, Baby, Churn”刊於《企業》雜誌的一九九七年專刊 *State of Small Business*（小型企業現況）。參見網址 http://www.inc.com/incmagazine/archives/27970251.html。

規則 9

關係比產能重要

始於科技，成於信賴

科技不只是管理資訊的工具，更是建立關係的媒介。
在網路經濟裡，生產和消費溶合成一個單一動作：產耗。
「關係科技」降臨網路，爲顧客創造了一個更大的角色，
誰有最聰明的顧客，誰就能贏。
因此，企業經營的訣竅在於找到顧客參與程度的極限。
如此，你要趕走顧客，會比趕走員工還難！
你會發現：所謂提高產能，只是個沒有意義的副產品。

工業時代的核心經濟要求是提高生產力。工業公司的每一面向——從機器到組織結構——全都是爲了強化經濟生產的效率。然而在今日，生產力幾乎是網路經濟下無意義的副產品。

網路經濟的核心經濟要求是增強關係。

網路化企業的每一面向——從硬體到分散式的組織——都是爲了增加經濟關係的質與量而創造的。

網路是產生關係的場所。網路運載關係，就像以前河川運載貨品一樣。當所有事物都已彼此連接起來，關係變得極爲繁茂。每一個網路的每一種連線都可以孕育關係：在公司和其他公司之間，公司和顧客之間，顧客和政府之間，顧客和其他顧客之間，員工和其他公司的員工之間，顧客和機器之間，機器和機器、物體和物體、物體和顧客之間。網路經濟所衍生的大量關係，其複雜度和精細度是沒有止境的。

在這些類型的關係中，每一種都有它自己獨特的動力和特性。而且每一種也是由某種特定類型的科技所培養出來的。微小晶片與無限頻寬的科技，說到底就是關係科技（relationship technology）。麥可・施瑞格（Michael Schrage）在一本討論新式合作科技的著作《共同想法》（*Shared Minds*）中寫道：「我們需要從科技管理資訊的觀念，轉變成將科技當作關係的媒介。」儘管資訊硬體每秒可以處理數十億位元的資料，但矽晶所產生的唯一重要事物是關係。

當然，即使在任何以往的經濟形態裡，名聲和互相信賴也都是極其重要的。所以，我們這裡所謂的的關係又有何新的意義？只有兩點：

■隨著生產力的重要性日益降低，關係及其周邊事物變成主要的經濟事件。

■電子通訊及全球化正在強化中、增加中，它們將一般的關係狀態轉變成超關係（hyperrelation）的活潑狀態——跨越長距離、不限時地、多向的。這裡再也不是堪薩斯，這裡是歐茲國（Oz）。①

兩個人以上的關係可以是階層式結構或是網路式結構。在階層式結構裡，成員是依特權等級來排列；在網路式結構裡，成員之間則是地位平等的同儕（peers），他們享有類似的權力和機會。在先前的時代，因爲缺乏充裕的資訊，建構一個複雜組織的最聰明辦法是建立一個階層結構。爲彌補無法普遍提供的即時資訊，階級不失爲聰明而可行的替代方法。當資訊匱乏之時，就讓大家遵從命令。

當資訊充裕時，同儕關係就接掌大局了。

事實上，當可靠的資訊普遍流通時，要阻止同儕關係的優勢幾乎是不可能的。就像電腦和通訊在每個向度都釋放了數百萬位元的資訊，我們也在每個向度看到同儕關係形成。電子及語音郵件已爲企業帶來同儕關係的壓力。我們也很瞭解網路科技的扁平化效應，及其繼而在企業組織內造成的騷動。但從許多方面來看，目前所發生的所有關係變化之中，老闆與員工之間新形成的同儕關係，或許是意義最小而且最無足輕重的。

顧客與公司間的關係同樣也受到同儕效應的影響，它或許較老闆與員工間的關係更重要。而重要性猶勝一籌的是公司與公司間的關係，它已經迅速地轉變成層層相疊的綿密網路。再更關鍵的則是正在開始發酵的、顧客與顧客間的側向關係。最終，當經濟侵入每種活動時，目前才剛開始界定的顧客與社會（而非公民與社會）的關係，或許才是所有關係中最重要的。爲了闡明這些擴張中的關係，我們不妨思考一下顧客與公司的傳統關係。這兩種角色似乎已存在多時，但在網路經濟裡，顧客與公司員工之間的分野經常變得模糊。

當你在加油站自助加油時，你是爲加油站或是爲自己工作？那些在自動提款機前面排隊的人，究竟是高度進化的銀行顧客，抑或只是不支薪的銀行櫃員？當你在家做驗孕測試時，你是一位經驗豐富的自助者，或是健保機構降低成本計畫的一部分？答案當然是：兩者皆是。當每個人都加入網路後，要分清楚你站在哪一方是不可能的。

網站和免付費服務電話邀請顧客進入公司的內部知識庫，他們所抵達的「內部」程度，幾乎不亞於坐在電話線另一端的員工。許多科技公司將它們服務熱線上的技術支援人員實際使用的技術資訊和問題診斷指南公開在網站上。你可以要求一位訓練有素的人來查出解答，然後把排除問題的步驟念給你聽；或者，如果趕時間的話，你也可以自己動手找答案。誰在爲誰服務呢？

而在此同時，員工雇用合約的複雜程度（特別是高科技領域的）也很快變得不亞於和外部供應商之間的合約。股票選擇權、股票承購期限、上千種保險和福利組合、遣散條款、跳槽限制協議、考績目標——每個人的每項雇用條件都得個別談定。基本上，一位高薪的技術員工等於是一位長期顧問。他是員工中的外部人士。

外人扮演員工，員工扮演外人；新關係模糊了員工與顧客的角色，以致兩者難以區分。這顯示顧客與公司是一體的。

這種使用者與生產者之間緊密的共同演化，並不僅是一種比喻的說法而已。其實，電話網路的擁有者所販賣的，不過是客戶彼此對話的機會——對話本身則是使用者自己創造的。你可以說電話公司和客戶共同創造了電話服務。這種起點與終點間分際的模糊，在線上服務誕生之際也同樣出現了。以美國線上爲例，它現在所販賣的主要是張貼出來的訊息和聊天，而兩者都是由使用者自己創造的。美國線上花了許多年才瞭解這點：他們原先想要遵循工業邏輯，銷售那些所費不貲、由專業者製作的可下載資訊；但當他們瞭解顧客就像員工一樣，可以自己製造商品，這家線上公司就開始賺錢了。

網路持續瓦解商品生產者與服務消費者之間的舊關係。現在，生產者也在消費，消費者也在生產。

在網路經濟裡，生產（producing）和消費（consuming）溶合成一個單一動作：產耗（prosuming）。②

「產耗者」（prosumer）這個概念，是托弗勒於一九七〇年，在那本迄今仍具前瞻性的著作《未來的衝擊》（*Future Shock*）中提出的。（托弗勒是在研究電話網路時，培養出他未來學家的洞察力。）時至今日，產耗者無處不在——在餐廳裡，你可以自己搭配餐點；在醫藥自助區（medical self-care arena），你身兼醫生與病患。③

我們從線上環境，最能清楚地看到產耗的未來。在那兒，有些最好的東西是由使用它的人自己生產的。在一個叫做 Ultima Online 的多人遊戲環境，你進入一個世界，取得一些工具，然後你得想辦法讓這世界變得刺激。你自己構思角色，設計主角的衣著或制服，獲取獨特的力量，並且創造周遭的歷史。與你互動的其他數千個角色是由別的產耗者刻畫出來的，在那兒展開的冒險歷程完全是由參與者共同創造的。就像一個眞正的小鎭，這種共同經驗（Ultima Online 銷售的唯一產品）是由體驗它的人所生產的。

這些急切的「世界創造者」可視爲免費的內容創作者；其實，他們會付錢給你來讓他們做這些事。你也可以將這個世界看成充滿了興致勃勃的顧客，公司提供工具，讓他們依照各自的嚴苛規格來完成產品。他們一切自己動手，這正是他們要的。套用新經濟的術語，這叫做大量訂製（mass customization）。

大量訂製的前提非常簡單。科技使得我們可以針對愈來愈少的一群人，來擬定產品規格。起初我們可以一次數百萬個地製造芭比娃娃，然後藉由更具彈性的機械及電腦產生的目標行銷（target marketing），我們可以數十萬爲一批來製造不同種族的芭比。再來有了改良過的市場研究及先進的通訊，我們可以成千、成千地製造次文化的芭比，如腳踏車芭比或邋遢芭比。最後，只要藉由適當的網路科技，我們可以製造個人芭比，專屬於你的芭比。事實上，在科羅拉多州的李度頓（Littleton, Colorado）現在就有一家公司製造長相就像主人的「我的雙胞胎」（My Twinn）娃娃。娃娃的眼睛、頭髮顏色，以及髮型，會和擁有它的兒童相符。

在這種顧客與公司的新關係裡，產耗及大量訂製最有意思的面向是，因爲顧客在生產的過程中插上一手，所以他們對於最後的結果比較可能滿意。他們已經教過公司如何來取悅他們，於是如今公司和顧客之間，可以有較以往完整的關係。

但爲「一人利基市場」來製造產品，僅是顧客關係轉型過程中的一小部分。（底特律的車廠早就學會如何製造訂製的汽車，但它們學到的就僅止於此。）如資料採掘（data mining）、智慧卡及建議引擎之類的網路科技，正在昇高公司與客戶之間可建立的關係等級。

建立與消費者的親密關係，以達到鼓勵其產耗的過程，可以區分成一系列逐級提高的目標：

(1)製造顧客想要的。

(2)記住顧客想要的。

(3)預期甚麼是顧客想要的。

(4)最後，改變顧客想要的。

上述每一項任務都提高了公司對顧客的承諾，也加深了顧客對公司的參與程度。

■製造顧客想要的　有時候這僅意謂單純的訂製：你想要有一次與衆不同的旅遊經驗。有時這意謂大量訂製：你想要以一般牛仔褲的價錢，購買一件適合你特殊腿型的牛仔褲。有時候你需要的並不是大量訂製：龐大的時裝工業就是靠著人們總想穿得和別人一樣的欲望來創造財富。更有些時候，你需要的是「半訂製」：因爲每個人都看《紐約時報》，所以你也看《紐約時報》，但你不看它的體育版或訃聞。你想看的不是只有你在看的報紙，而是你最親近的十二個朋友也看的報紙。

爲了要恰當地做出顧客想要的東西，使用者與製造者之間，必須要有一股龐大的資訊及信賴之流來回流動。介面科技必須簡單、清晰，好讓人們能夠表達他們的意思。如噩夢般的運送及生產調度必須精確地管理。這個任務最困難的一面或許不在訂單，而在製造；任何牽涉到原子的東西都比我們原先想像的難以訂製。不過任何解決方案必定會用到網路科技。

■記住顧客想要的　我們所做的事情，大部分都是一再重複的。我們每天、每週或是偶爾，都在做著相同的工作。一做再做的事與只做一次的事，有著不同的動力學；對於前者，小細節變得非常重要。不論是要重記密碼，或是每次複述要哪一種口味的咖啡，或是又得再次解釋不要甚麼樣的浴袍，都會令人極度不悅。知道我們特殊習性的人（他們非得知道不可）可贏得我們的偏愛；知道我們特殊習性的公司，同樣也可贏得我們的偏愛。

追蹤及詮釋我們的瞬間念頭的科技，可以提昇公司與消費者之間的關係。公司必須付出巨幅努力來記住你的偏好，但你也得費力去教它們，好讓它們記得。而且這記憶得要是聰明的。你每天點的咖啡都是 espresso，但天冷時則改點 latte。公司的關係科技必須功能強大到可以學會這些區別。

佩博斯（Don Peppers）和羅傑斯（Martha Rogers）在他們極具洞見的著作《一對一

企業》(*Enterprise One to One*) 中指出：「介於顧客與企業之間的學習關係，會隨著每一次的互動，而變得愈來愈聰明，也愈益詳細地界定顧客的個人需求及品味。舉例來說，每當顧客叫出上週的超市購物單，修改成本週的訂單時，他實際上是在『教導』服務系統更多關於他購買的產品及產品消耗速率的資訊。」爲了回報這家公司爲學習所付出的努力，公司與顧客之間發展出一種忠實的關係。佩博斯和羅傑斯繼續說道：「這家公司的購物服務系統可以發展出關於這位特定顧客的知識，這是它的競爭者幾乎不可能複製的，因而可以牢牢地鎖住顧客的忠誠。」在此同時，由於這位顧客已經在這關係上投資如此之多，使得他切換到其他供應商的成本逐日增高。「假如某家花店寄通知提醒你，你的母親的生日快到了，它願意送花到去年的相同地址，用你去年訂花時的信用卡帳號收款；有多大的可能你會再四處打電話，尋找一家更便宜的花店？」

因爲建立關係需要兩個成員都投資進去，關係價值的增加速率會是投資速率的兩倍。

切換關係的成本相當高。一旦離開，你的損失是加倍的。你放棄了所有對方放進這關係裡的投資，而你同樣也放棄了自己的投資。反過來看，維持忠誠關係的成本很低。

所以我們可以看到，飛行哩程酬賓與累積消費折扣的行銷活動極爲成功，這是由於航空公司、超級市場與消費者所投入的共同投資才辦得到的。會員卡是關係延伸的另一個例子；對雙方而言，與建立緊密關係所帶來的好處相較，追蹤記錄的成本非常低廉，所以廠商願意設計各種新方式來散播這種觀念。電話公司嘗試的「朋友的朋友」通話圈④，同樣也是充分運用網路關係的聰明試驗。

更聰明的關係科技，亦即經濟學家亞伯特·布列桑德（Albert Bressand）所謂的「R-科技」（R-tech），將可把顧客與公司更緊密地聯繫起來。一項稱爲 P3P 的新標準⑤提供儲存個人資料的標準格式，可用來儲存使用者的姓名、地址，乃至個人的偏好設定等（包括他們願意將自己的資訊揭露到甚麼程度的設定）。如果你經常購物，你會攜帶根據 P3P 通訊協定（或類似的通訊協定）建立、裝在智慧卡或瀏覽器軟體中的「護照個人檔」（passport profile）。你在做商業交易時，可以和店家交換其中的資訊。當你教導它們如何服務你及贏取你的歡心時，護照科技可以協助它們記住你。

偏好設定的可攜性是一件大事。當網路潛入更多的商業面向，跨越不同系統追蹤身分及偏好的能力將會是關鍵。麗池—卡爾登飯店（Ritz-Carlton Hotel）能夠不需先詢問你，即可在它三十一家連鎖旅館中的任一家爲你特別安排住房設備。它的確有資格爲此感到驕傲。某些航空公司也能提供類似的服務。就網路經濟整體而言，我們還有很大的空間，可以創造其他成功的關係。

■預期甚麼是顧客想要的

爲人們製作訂製的產品是關係科技的第一步。第二步是聰明地記住他們的偏好。第三步是在他們甚至還沒想清楚之前，就知道他們要的是甚麼。這是任何良好關係的衡量尺度。若你能說「我知道他必定會喜歡這本書」時，你確實可以誇耀你深知某人。

「預期科技」最基本的形式是根據顧客過去的行爲模式，以外插法求出他的好惡。然而關係科技最強大的形式，是依據其他顧客及他們之間潛藏的關係來預期他們的喜好。「螢火蟲護照」(Firefly Passport) 即是這種社會性關係科技的一個極佳範例。它是由螢火蟲公司（最近已被微軟收購）所開發的推薦引擎。簡單來說，它是這麼運作的：假設你到myLAUNCH（一家採用螢火蟲護照技術的音樂網站）⑥，告

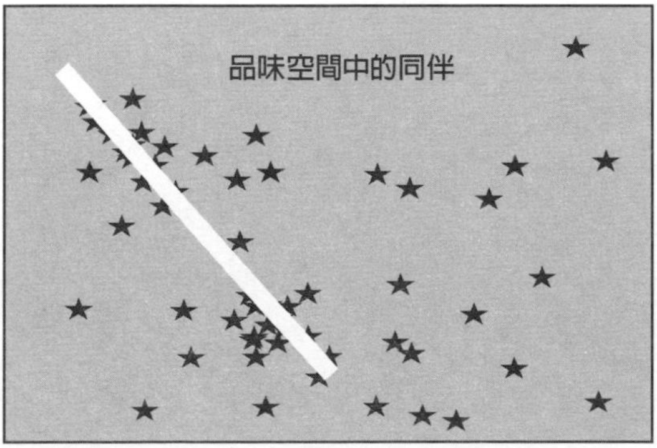

在同一個「品味空間」中，對某些特定書籍、電影具有共同偏好的人們，可以使用合作篩選的方式來幫助他們做購物選擇。

訴它你最喜歡的十張唱片專輯，它會把你的建議名單拿來和其他五十萬名喜歡音樂的螢火蟲會員的建議名單比對。螢火蟲據此找出你的「品味空間」（taste space）落在哪裡：它把你放在同樣喜歡那幾張專輯的那些人附近。雖然你們的品味近似，但總會有些專輯是你在品味空間裡的鄰居列出來，但你沒有提到的。螢火蟲會告訴你還有這幾張專輯，而且同樣地，它也會告訴你的鄰居你提到而他們沒列的專輯。因爲這些是它預期你會喜歡的專輯，所以你應該會去試試看。

令人驚訝的是這套簡單的系統居然運作得如此好。我先是小心謹慎地挑了一些我喜歡的專輯；但它還有許多細項選擇，可以用來增強它的能力。我可以對傳回的結果打分數來「教導」它。或許它因爲我提到了喜歡鮑勃·迪倫（Bob Dylan），而向我推薦彼特·席格（Pete Seeger）。但假設我早已知道席格，而且不能忍受他的音樂，我可以告訴它忘掉席格（以及像席格的樂手）。如此，它變得更聰明了。我還可以選擇替更多的專輯評分，註明喜歡或厭惡，這可以讓它更精確地標定我的品味空間。（一個強烈負面的評分，就和強烈正面的評分一樣有用。）因爲這是全球資訊網，我還可以選擇聽取音樂片段來喚起我的記憶，或是評估它推薦的專輯。

這套系統眞正的威力並不在於推薦，而是在於它能夠在三百萬名登記使用者之間建立關係的能力。它允許成員和他們品味上的鄰居互相連繫。它鼓勵所有環境音樂，或早期西雅圖 grunge 搖滾之類的樂迷，在「音樂會場」裡展開對話，或是成立郵寄名單，或者做一下自我介紹。這種科技還孕育了另一種關係：自我認同。

大多數人的音樂品味並不容易歸類。他們可能同時是超脫（Nirvana）、U2、披頭四（The Beatles）、瓊尼・米契爾（Joni Mitchell）及九吋釘（Nine Inch Nails）的樂迷。他們的社群位於一個隱晦、無名的空間——姑且稱之為「披頭四／U2／九吋釘」空間。透過螢火蟲，這些人可以藉由他們自己建立的「微社群」來認出自己的品味。螢火蟲在音樂上能做的，在書籍方面也辦得到。還有電影，還有網頁。（螢火蟲最近把這些領域都獨立出去給不同的加盟夥伴。）它們用相同的方式來評等，得到同樣有用的結果。現在，它們合併而成的媒體空間極其豐富。再怎麼詭異的次文化也可以在還沒得到名稱之前被辨認出來。嗜讀安・萊斯（Anne Rice）吸血鬼小說，而且同時喜歡西部鄉村音樂及伍迪・艾倫（Woody Allen）電影的人，突然發現他們是一個群體！自我認同是取得影響力的第一步。

亞馬遜和邦斯（Barnesandnoble.com）等網路書店也使用類似的關係科技來增加書籍銷路，並且讓顧客變成更聰明的消費者。亞馬遜是從購書行為與你類似的顧客處，得出合作推薦名單。根據你以前購買的書籍以及其他人所購買的，亞馬遜建議：親愛的讀者，你應該會喜歡這些書。而他們通常是對的。實際上，因爲他們的建議非常好用，這已經成爲亞馬遜的最佳行銷機制以及主要的營收成長來源。據公司發言人表示，相當數量的使用者，會因爲查閱某本書時螢幕上跳出來的推薦書單，而購買更多的書——而且是立刻。

《Webonomics》的作者伊凡‧許華茲（Evan Schwartz）甚至認爲，我們應該將亞馬遜之類的公司看成以販賣無形關係爲主的商店。「亞馬遜不應該拿來和賣書的實際商店比較。相反地……亞馬遜所增加的價值在於它的書評、推薦、建議、新書資訊和預告、使用者介面、圍繞某些主題形成的社群。誠然，亞馬遜會安排如何將書送到你家門口，但身爲消費者，你所以付費給他們其實是爲了那些引導你購書的資訊。」當你進入亞馬遜時，你得到的是一個關係產生者，一個愈來愈瞭解你的站台。

網路邏輯之美，在於它的軟體機制並不需依賴人工智慧。相反地，這類合作工作的完成，是藉由將個人獨立教導軟體的資訊，匯集成一個分散結構的資料庫。它是底層力量的範例。許多人教導一個笨拙的程式，但當所有結果連接起來，即可產生有用的智能。網路的力量是由每個成員願意與他人分享的些微資訊位元所建立起來的。有時，它全部所需的，也就是這些。

在關係科技方面，全球資訊網是創意的溫床。如果你的某次搜尋，順利地找到想要的資料，而且你願意將這結果散播給其他人，這種側向關係對於每個使用搜尋功能的人都會有所助益。這類社會網路功能有時被稱爲「合作篩選」(collaborative filtering)，它將來必定會在全球資訊網、在公司以及工作小組裡廣泛使用。

就像其他科技的演化過程，關係科技的創新必定開始於前衛領域，然後回到日常生活中。

關係科技首先出現在全球資訊網的世界，但它會逐漸滲透回到罐頭和運動器材的世界，回到電視節目和旅遊勝地的世界。最終，它將會到達顧客關係進程的最後階段：

■ 改變顧客想要的

顧客與廠商之間進行的探戈將雙方逐漸拉近，直到雙方的個別身分有時逕自消失。這在往往缺乏專家的邊疆地帶尤然。一開始根本沒有權威來決定顧客要甚麼，或是廠商該供應甚麼——就像是全球資訊網及電子商業的早期階段。專業技能必須由公司和顧客一起合作開發，才能共同演化出來。公司必須訓練和教育顧客，告訴顧客他們需要甚麼；然後顧客再回頭訓練和教育公司。大約十年前，線上會議的草創階段正是循著這條途徑。當電子郵件和線上交談剛開始發展時，沒有人知道優異的電子郵件和馬馬虎虎的電子郵件差別在哪裡，沒有人知道絕佳的交談區和普通的交談區差別在哪裡。最好的線上公司都是向它們的早期顧客學習經驗。然而顧客同樣地也不知道他們可以期待甚麼，因此需要仰賴這些公司提供的遠景及「蒸汽軟體」⑦。顧客和公司彼此教育，共同探索未來的可能性。

良好的產品和服務是雙方共同創造的：顧客的欲望是從產品的可能性成長出來的，而可能性得要由公司依循新顧客的欲望來實現。因爲網路中的創造是一種共同創造、一種產耗行爲，共同創造者之間必須存在一種多面向的關係。

共同創造及產耗需要資訊上的平等關係。資訊必須在所有節點之間對稱地流動。在工業社會，資訊的天平無可避免地傾向企業這一邊。企業擁有集中化的知識，而顧客則只有自己以及一些朋友的零碎經驗。正在來臨的網路經濟已經改變了這種情形。複雜系統及科技的每一個新層面都將資訊流向移往個人。

網路科技的目的是讓顧客更聰明。這可能需要與顧客分享原先專屬於公司的知識，它也可能只是將公司所知有關顧客的一切，與顧客本人分享。

關係科技試圖重新平衡傳統上非對稱的資訊流，讓顧客學習的速度和公司一樣快（因此公司學習的速度也和顧客一樣快）。乍見之下，專注於「教顧客學習」而非「教公司學習」的想法似乎抓錯方向，但它只是整個大潮流下的一小部分——原先將公司視爲獨立單位的看法，已經轉變成將公司視爲龐大網路裡的一個互動節點（而構成這個鬆散節點的，除了員工之外，還有顧客）。

讓顧客在公司的協助下學習，並不是讓顧客更聰明的唯一方法。另一個方法是倒轉市場上一般的資訊流向。《網路商機》的作者約翰・海格說：「除了讓你的公司盡其所能地得知更多關於顧客的資訊，你必須讓顧客盡其所能地得知更多關於他們自己的資訊。」而且你還應該讓顧客也能得知更多關於他們所面對的公司的資訊。全球資訊網有數種方法可以讓資訊倒向顧客這一邊。其中有一種最令人興奮的創新，是有些新網站可以送出自動程式（bot）來幫你進行商品比價。假設有三十家線上唱片行販賣《鐵達尼號》的電影原聲帶，像 Junglee 或 Jango 之類的網站可以蒐集各家的售價⑧，整理列表供你參考。但這仍是由店家掌握主動：它們擬出買賣條件，保留洽詢資料，並且促成交易。

藉由倒轉資訊流動的方向，人們可以創造「反向市場」。在一個反向市場（有些網站已經設立這類市場），指定交易條件的是顧客。你說：「我想用美金十塊錢買《鐵達尼號》

CD，新品。」你在網站上廣播你的買賣條件，然後店家找上門來。這種方式起初在高價商品（如汽車、保險和貸款）的交易上會最有成效。「我想用我在聖荷西的房子辦三十年期的貸款，我準備貸美金十二萬元，月繳一千元。有誰想做這筆生意？」你設定條件，保留資料，並且促成交易。當然，科技會讓這類交易的進行，大部分都在幕後由代理軟體負責，你不需要親自去討價還價。這種關係轉換將資訊的掌控，由商家轉移到顧客手中。它讓顧客變得更聰明。

而誰有最聰明的顧客，誰就能贏。

讓顧客更聰明的第三種方法，是讓他們連繫成一個集體智慧。

一九七〇年代中期，個人電腦剛進入市場時，各地都出現用戶團體（user group）來幫助不得要領的人。任何人都可以參加每月聚會，交換如何設定印表機、如何取得更新程式的有用祕訣。這一切都是非正式、免費而且民主的——那些知道的人大方說；不知道的人大膽問，然後做筆記。在大城市裡，每種電腦平台都衍生出地區性的用戶團體。連Amiga之類的「孤兒」機型或電視遊樂器都有用戶團體，至於麥金塔和MS-DOS個人電腦當然更不消說。有些用戶團體成長到有數萬名會員，有些經營它們自己的免費軟體大賣場，並且有上百萬美元的預算。

從外界人士看來，用戶團體是電腦產業拙劣現狀的明證。手冊太可怕，介面不友善。批評者抱怨人們不必爲了看電視或用洗碗機而去參加用戶團體。但對許多想學會電腦的人，用戶團體的共享知識是邁向電腦國度（或日後進入網際網路）所不可或缺的。

事實上，用戶團體並非失敗的徵兆，而是智慧的徵兆。它們是讓使用者更聰明的手段。有些電腦公司很早就明白這個事實，於是定期訪問較大的用戶團體來解答問題、聽取抱怨及蒐集建議。用戶團體雖然是獨立及非營利的，卻也成爲電腦公司延伸的一部分。

今天在美國仍有兩千個左右的麥金塔及PC用戶團體定期集會（國外的用戶團體也約當此數）。「柏克萊麥金塔用戶社團」仍因擁有一萬名會員及每週聚會而津津樂道。然而更多用戶團體的行動已經轉移到線上空間。附有對話區的網

鼓勵顧客彼此對話、形成用戶團體和同好部落的公司，必定可以培養更聰明、更忠誠的顧客，同時也能創造更聰明的產品與服務。

站、常見問題集（FAQ）檔案室、郵寄名單及電子佈告欄，都讓人們得以繼續以這種分散的方式交換知識。

用戶團體是共同肩負責任的同儕關係。團體成員自己擔起教育的責任，分攤汲取新知的任務。人們早已熟知，關於科技產品最好、最有用的實際知識是來自用戶團體。如今，就潛泳、自行車、鹹水水族館、改裝車或任何科技變遷似乎快於理解速度的嗜好而言，同好團體似乎都是不可或缺的。

我們可以把最痴迷的用戶團體稱爲「同好部落」（hobby tribe）。這是科幻作家大衛・布林（David Brin）造出的辭彙。同好部落是極爲聰明、訊息極爲靈通、連接度極高的消費者。他們因爲熱情而聚攏起來，變成專家。在某些較小的領域，他們也形成了市場。

專業知識如今在狂熱的消費者手中。你的產品或服務的世界第一流專家並不在你的公司裡；他們是你的顧客，或者同好部落。

公司需要用戶團體的程度，幾乎就和用戶需要用戶團體一樣。當顧客對你的產品滿意時，用戶團體會比廣告更好；當他們不滿意時，則會比癌症更可怕。如果運用得當，熱愛者能夠決定產品的成敗。

網路經濟具有促成「熱愛者文明」出現的潛力。當顧客變得更聰明，專業知識的核心便從大型企業或是獨立的學術專業者，移向附屬組織及草根團體。如果你眞的想知道甚麼行得通，或是如何找到它，去問同好部落。而且非僅高科技知識的領域如此，各類知識都流向熱愛者。因爲愛馬者共同的痴迷，現在從事釘馬蹄鐵這一行的人，比一百年前的牛仔時代還多。今天鑄劍及造鎖子甲（chain mail armor）的鐵匠，比中世紀的任何時期還多。熱愛者的網路已經出現了。

網路傾向於瓦解權威，將它的效忠對象移到同儕團體。網路經濟中的文化生命將不是由學院、企業，乃至主流媒體釋放出來。相反地，它將駐留在狂熱者、同好誌及次文化等小型的同好社群。托弗勒在《未來的衝擊》中爲它們設置了舞台：「就像子彈擊碎玻璃一樣，工業主義擊碎了社會，將社會切分爲數千個專業單位……每個又再細分爲更小、更專門的子單位。成群的次級團體於焉湧現——牛仔騎士、黑人回教徒、摩托車族、光頭黨，不一而足。」當初擊碎的，現在已成爲數千種次文化。世界上每一種令人著迷的東西，至少會有一個網站。工業時代以擊碎啓始的，網路經濟以交織組合與細心服務來完成。現在所見的全貌，是碎片織成的網路。

資訊及追求成功的責任都移向消費者的同儕社群。網路需要更聰明的顧客。

關係科技來到網路，爲顧客創造了一個更大的角色，它同樣也將更大的責任加到顧客身上。除非環境中存在著大量的信賴，否則這種關係的擴大根本不可能發生。「新經濟始於科技，成於信賴。」新經濟商業雜誌《忠誠友伴》（*Fast Company*）的創辦人亞倫・韋伯（Alan Webber）說道。

如果你把所有的員工都送回家，改以電子通勤的方式上班，你和你的員工之間要有極高度的信賴，這種改變辦公地點的做法才可能成功。我需要對螢火蟲有高度的信賴，才會願意告訴它我讀過的所有書籍、看過的所有電影及逛過的所有網站。康柏電腦（Compaq）必須信任我，才會願意讓我挖掘它以昂貴代價編纂的、關於電腦組件維修的知識庫。

信賴是一種獨特的品質，它是無法用錢買的。它不能下載，不能速成——這是速成文化環境裡的一項驚人事實。它只能非常緩慢地，經過一再反覆的互動來累積。但它可以在一眨眼間消失。亞倫・韋伯將它的增長拿來與對話比較：「在新經濟裡，最重要的工作是建立對話。對話的好壞與人格有關，對話可以顯露我們是甚麼樣的人。正由於這個原因，對話是建立在最基礎的人性品質：眞實、品格、正直。歸根結柢來說，對話的成敗、好壞完全繫於信任。」

要瞭解新經濟是怎麼一回事，對話是相當好的模型。有些對話是短暫、突然地交換最少量的資料，有些是敵對的，有些是定期的，有些是持續的，有些是遠距的，有些是面對面的。一段來來往往的對話是先由兩個人開始，接著增加到數個人，然後當對話變成多向且多樣時，它吸引了愈來愈多的參與者。到最後，因爲世界上許多人造物都已經連線，所以我們除了與人對話之外，還會與公司及物體對話。日益增加的動態性可以增加互動的次數、時間及交談的頻率。互動愈高，學習就變得愈重要，關係就愈不可或缺，信任也愈益成爲關鍵因素。信任變成了韋伯所謂的「企業的必備條件」。

說過這麼多關於信任的重要性，我們還得指出，取得信任是需要付出代價的。它的建立既緩慢，又總是令人尷尬、不知所措的。韋伯寫道：「信任可能是混亂、痛苦、難以達到，而且容易違背的。信任是很困難的，因爲它總是牽扯到脆弱、衝突及曖昧。對於浸潤在理性主義、階級、依規則制定決策及靠頭銜建立權威的經理人而言，脆弱、衝突及曖昧三者威脅了他們的控制權。」

關係科技並不會緩和這種恐懼或痛苦。它們可以強化與衍生多樣的關係及信任，但無法讓它們自動、輕鬆或是立即發生。當要培養信任（既然它是企業的必備條件）時，我們一開始便得面對隱私權的棘手難題。沒有任何其他課題像穩私權一樣，具體而微地呈現了網路經濟所面臨的獨特機會和挑戰。

人們以往只需提防老大哥式的政府可能會侵犯隱私權，但網路用戶很快瞭解到商業機構（網路上的小大哥）其實更令人擔憂。《紐約時報》的科技記者詹姆斯．葛雷易克（James Gleick）如此說道：「不管政府知道我們多少，看來似乎網路——那個不斷成長的電腦連線複合體——會知道得更多。而不管我們對這情形如何惴惴不安，我們想要的服務，似乎都得先讓網路知道我們，然後才能得到。」

關於我們想要知道他人甚麼資訊，以及我們願意讓他人及網路得知我們甚麼資訊，這類基本問題的探討足可寫成一本書。但就新經濟空間中的隱私權問題而言，我在此只想舉出一個論點：

隱私是一種對話。公司不應該把顧客對隱私的疑慮，當成是造成公司不便、被迫得悄悄避開的困擾，而應該把它當成耕耘眞誠關係的方式。

當顧客反對透露更多的個人資訊時，公司的標準說詞是：「你告訴我們的愈多，我們能提供給你的服務便愈好。」理由雖然沒錯，但不夠充分。如果沒有信任的話，沒人會放心地吐露。

且來看看許多人在小鎮感受到的那種信任。小鎮生活很有意思的一點是，住在對街的老太太知道你的一舉一動。她知道誰來拜訪你，也知道他們何時離去。根據你的平時作息，她知道你何時該前往何處，或是你爲何遲到。兩件事情讓你不會覺得這是一種冒犯：一、當你出門時，她會替你留意門戶；二、你也知道她的一舉一動。你知道誰來拜訪她，也知道她去何處（而當她不在時，你也會替她留意門戶）。更重要的，你知道她知道。你很清楚她會看著你，她也知道你會看著她；你們兩人的資訊是對稱的。你們之間存在著一種瞭解、一種協議。她不會去搜查你的信箱，你也不會去偷翻她的，但如果你家舉辦派對，而有人在前廊醉倒的話，你儘可放心第二天左鄰右舍全知道這件事。反之亦然。監看者同時也被監看。

網路經濟的一項主要任務即是恢復「知道」的對稱性。

要讓信任關係繁盛，顧客需要知道是誰知道他們，而且知道他們到底瞭解到何種程度。對於那些擁有他們資訊的人，顧客也需要有相同程度的瞭解。如果我能很明確地知道那些信用組織到底擁有我的哪些資訊，它們如何取得，它們會告訴誰，那麼我對它們會放心許多。而如果我能因爲它們持有我的資訊而有所補償，那麼我會更爲自在。

就我個人而言，只要我能完全掌握我的個人資料流往何處，而且可得到報酬，我會樂於讓人追蹤我任何時間的所有舉動。如果我知道那些監看者是誰，而且他們和我建立起某種關係（形諸現金、折扣、有用的資訊或是優待服務等），則這種對稱性可以變成我們彼此的資產。

像Truste之類的協定，可算是這種信任機制的初步嘗試。Truste是由商業網站及隱私權提倡者，於一九九五年成立的非營利組織，宗旨在於強化線上商業環境的隱私關係。他們研擬出來的資訊標準也稱爲Truste，它的第一階段是一套放在網站首頁上的識別標誌系統。這些標誌可以在使用者進入網站之前，提醒他們該一網站的隱私政策⑨。它們可能代表下列政策之一：

■我們不保留任何訪客記錄。

■我們保留的記錄僅供自己使用。我們得要先知道你是誰，如此當你再次造訪時，我們才能告訴你有那些更新內容，或是依你的偏好修訂內容，或是讓購物交易更容易、更簡便。

■我們保留記錄供自己使用，但也會將資料與一些你應該會同意的廠商互通。

這三種概略的分級可以涵蓋大部分的交易，但有多少網站就可能有多少種次級區分。（要張貼這些標誌的站台，必須接受Truste指定的單位來稽核，以確保它們切實遵守適當的隱私政策。）但這些標誌只是標籤而已，眞正的工作是在幕後，由非常精細的關係科技來完成。

以下是兩、三年後，造訪Truste核可商業網站時，可能出現的情節。我拜訪Gap服飾的線上商店。他們通知我他們是第二級的站台：他們記得我是誰、我的衣服尺碼、我上次買了哪些物品，甚至記得我上次來訪時查詢過甚麼，但他們不會把我的資料轉賣出去。爲了持有我的資料，他們提供百分之十的折扣以爲交換。我覺得這挺好的，購物也更方便。我接著造訪「烏鴉地圖」（Raven Maps）的站台，他們有全世界最好的地形圖。他們告訴我他們處理資料的方式屬於第三級——他們會將我的姓名及興趣（僅止於這兩者）出售給別的旅遊站台，這些站台的名字也一併列了出來。他們的交換條件是每筆交易贈送我一張地圖。因爲烏鴉地圖的朋友看來蠻順眼的，所以我答應了。我再造訪電腦經銷商CompUSA。他們想要知道我的一切，而且會把一切資料都賣出去（這也是第三級）。交換條件是讓我免費借用一台配備種種花俏功能的多媒體電腦。可好？嗯，或許吧。然後我又到ＡＢＣ的線上電視台。他們宣稱他們不保留任何資料。我看甚麼節目，只有我自己知道。他們僅收集彙總的資料，供拉廣告之用，但不記錄特定細節。儘管節目中插播了一大堆廣告，這種完全無人看守的第一級政策仍然吸引了許多人一來再來。⑩

月底，我收到一張格式和信用卡帳單類似的隱私權報表。它列出我在本月內同意的所有交易和關係，以及我可以預期的收益。它說我同意給Gap服飾某些特定資訊，但這些資訊僅供Gap內部使用。我給了烏鴉地圖相當詳細的個人資料，從烏鴉處取得這些資訊的三家公司也列在報表上。這三家公司可以使用我的資料一次，烏鴉則欠我一張地圖。後來我還是給了CompUSA我的完整資料。他們會借給我一台電腦。購買我的資料的九家公司也列在上面，它們可以無限制使用我的個人資料，以及我在CompUSA網站上的活動記錄。我會收到這九家公司的垃圾郵件好一陣子——但我的這部新電腦可以把它們都過濾掉！除此之外，我還和《紐約時報》做了一筆交易，他們可以記錄我的閱讀活動，我則可以免費瀏覽一個月的《紐約時報》。另外我的報表也顯示美國航空公司（American Airlines）從ＡＢＣ取得我的地址，但ＡＢＣ明明說它是第一級！我得叫我的隱私代理軟體和他們聯絡，解決這個「錯誤」。

來電者號碼、未公開的電話號碼、未公開的郵件地址、非個人的彙總資料、個人加密的醫療記錄、護照個人資料檔、暫時性的化名代稱、數位簽名、生物測定密碼⑪等——當我們要在網路經濟裡建立關係及信任時，這些將是我們用來理清頭緒的科技。

但願我們眞的能夠知道關係是怎麼回事。工業生產力很容易測量，人們可以得出一個明確的數字爲答案。相反的，關係是不明確、模糊、不精確、複雜、無法數算、難捉摸、多面向的。非常像網路本身。

在我們建立關係科技時，我們不斷觸及名譽、隱私、忠誠及信賴等抽象觀念。儘管人們對這些觀念都有一些籠統的想法，但它們不像位元或傳輸速率，沒有辦法以精確的定義來解釋。然而我們正忙著設計一個網路世界來傳輸及增加名譽、忠誠與信賴。目前網路上最熱門、最炫的前線，正是發展這些科技的場所。

網路經濟奠基於科技，但是得建立於關係之上。它始於晶片，但成於信賴。

最終，科技價值的評斷標準，將是它在提昇關係活動方面做得有多好。虛擬實境的創始者傑隆·蘭尼爾（Jaron Lanier）曾提出「連接測試」的觀點：我們所評估的科技是否將人們連接起來？根據他的評估，電話是一項好科技，電視則否。避孕藥是好科技，核子武器則否。

按照這個標準，網路科技員是好極了。它具有將形形色色的人物，用任何想像得到的方式連繫起來的潛力。網路經濟所要達成的，是藉由人們與他人的關係，儘可能發揮他們個別的才能。

有時，為了達成這個目標，有必要關閉連線。對話時，沉默有時反而是適當的回答。在網路世界裡，隱私經常會佔優勢。關係的向度延伸到已知，也延伸到「不知」。人類處境的衆多奧祕仍會燒錄在網路經濟的科技之中，這就是其一。

策略

讓顧客像你一樣的聰明　公司用來教育顧客的心力，應該與它教育自己如何瞭解顧客的心力相當。現在要當一位顧客並不是件容易的事，對於公司提供的任何協助，顧客會以忠誠來回報。如果你不去教育你的顧客，別人會替你做——非常可能是連競爭者都算不上的人。幾乎任何用來推銷產品給顧客的科技（如資料採掘或一對一技巧），都可以反過來提供顧客情報。沒有人會急於要你記得全部資料，但如果你能記得我的長褲尺碼，或建議一部我的朋友都會喜歡的電影，或是理出我的保險需求，那麼你是在讓我變得更聰明。規則非常簡單：誰有最聰明的顧客，誰就能贏。

將顧客和顧客連繫起來　對許多企業來說，再沒有甚麼會比開闢空間，讓顧客彼此交談還要可怕，尤其如果這是一個有效的溝通場所，譬如全球資訊網。他們會驚訝地問：「你的意思是，我們要花一百萬美元來成立網站，讓顧客交換謠言，並且製造大量噪音？讓他們的抱怨四處流傳，不滿的怒火可以被煽得更旺？」是的，正是如此。這些正是通常會發生的。他們又會問：「我們何必要花錢讓顧客來騷擾我們？那是他們本來就會主動做的。」因爲在網路經濟裡，再沒有甚麼力量可以大過一群彼此連繫的顧客。他們教你的速度將快過你以任何別的方法能學到的。他們會是你最聰明的顧客，而且，再重覆一次：誰有最聰明的顧客，誰就能贏。

就在最近，一家開風氣之先的線上證券商 E-Trade，採取爲客戶設置線上交談區的大膽舉動。我們將會看到更多聰明的公司做類似的事。不管你開發任何工具，只要它可以協助建立顧客之間的關係，則它亦可強化顧客對你的關係。你也可以將這類努力視爲「先餵養網路」。

如果其他條件相同，優先選擇促成連線的科技　我們每天都得權衡各種科技的利弊得失。任何裝置或方法都不可能同時兼具最快、最便宜、最可靠、最普遍、最小巧等優點。若要超越，一項科技必須特別強調某些方面。現在還得再加上一個考慮因素：連線度最高。這個科技面向日益重要，有時甚至掩蓋了速度及價格之類的要件。如果你猶疑於該購買何種科技，選擇連線範圍最廣、頻率最高，而且方法最多的。避免任何類似孤島的科技，不管那座島嶼的條件多好。

將你的顧客想像成員工　讓顧客來做原來應該由員工做的事，這並不是骯髒伎倆。這是創造一個更好的世界的方法！我相信如果組裝汽車既簡單且無痛苦的話，每個人都會願意自己動手。但它不是。然而顧客對於他們選購的產品，至少願意參與到某種程度——尤其是得經常使用的複雜物品。他們的參與可以是浮泛的，譬如到工廠旁觀他們的車子是如何製造的。或者他們可以在下訂單時，順便指定一些訂製選項。或者，公司可以透過網路科技，將他們帶入製程的某些階段；或許可以讓他們透過網路來監看車子的組裝過程，就像聯邦快遞提供的包裹追蹤服務那樣。聰明的公司最後總算明白，要確保顧客資訊（如郵寄地址）正確無誤的最簡單方法，是一開始就讓顧客自己輸入。企業經營的訣竅將是找到顧客參與程度的極限。如此，你要趕走顧客，會比趕走員工還難上許多倍！比起面對員工，面對親密的顧客需要更為優雅、更有技巧，然而這類延伸的關係也會更強固。

企業未來的最終目標，似乎應該是發展成「虛擬企業」——企業就像一個小型的關係網，將基本的功能轉包給下游廠商。但這終極目標也可能是另一幅景象——企業只以顧客爲員工。沒有公司會走到這個極端，但往這個方向發展是對的；任何提高與顧客相依關係的步驟，都必定會是企業經營的優勢。

註釋

①譯註：作者在此引用法蘭克・包姆（L. Frank Baum）所著童話《綠野仙蹤》（*The Wonderful Wizard of Oz*, 1900）的典故。故事主角桃樂西住在單調乏味的堪薩斯鄉下，某天被突然襲來的龍捲風吹到一個神奇的國度「歐茲」，展開一連串奇妙的歷程。歐茲後來便成爲虛幻、神奇而怪異之地的代稱。

②譯註：關於「產耗」這個觀念的詳細闡釋，可以參閱托弗勒所著《第三波》（黃明堅譯，時報出版）的第二十章。該書將「產耗」譯爲「產銷合一」。

③譯註：在一些美國醫院的實驗性部門和醫療諮詢網站，病患可以保管自己的檢測結果和病歷等，或自行檢查身體，如在家驗孕。

④譯註：美國的長途電話市場競爭激烈，所以長途電話公司會推出許多促銷活動，「通話圈」（calling circle）是其中之一。它的實施辦法通常是電話用戶登記數名使用同一家長途電話公司服務的親友，當他打電話給他們時，電話費率可以打折。藉此，電話公司可以沿著原有客戶的人際網路來拓展業務。

⑤譯註：P3P是Platform for Privacy Preferences（隱私偏好設定平台）的簡稱。這是全球資訊網聯盟（W3C）所擬定的一套標準，目的在促使各網站將他們對使用者資料的處

理方式透明化，並讓使用者可以設定個人資訊的揭露程度。目前（一九九九年三月）P3P 1.0 版的標準仍在草案階段。關於 P3P 的詳細說明及技術文件，可以參閱 http://www.w3.org/P3P/。

⑥譯註：myLAUNCH 的網址是 http://www.mylaunch.com/。螢火蟲公司本身只負責螢火蟲護照的技術研發，想採用這項技術的商業網站（myLAUNCH 即是其中之一）再向它購買軟體。

⑦譯註：蒸汽軟體（vaporware），指產品還沒有具體的輪廓、功能還沒有齊備，就大張旗鼓地宣傳，造成消費者錯誤期待的軟體。譬如微軟公司的作業系統 Windows 95 及 Windows NT 5.0（至一九九九年初迄未上市，已改名 Windows 2000）的上市日期都比最早宣稱的晚兩年以上，所以在行銷當時都算是沒有具體成品的「蒸汽」。有些蒸汽軟體最後就像泡沫一樣，無聲無息地消失了。這種情形在網際網路方面尤其普遍，譬如網景公司原來宣稱要推出完全用 Java 語言寫成的瀏覽器軟體，最後計畫中輟。

⑧見網站 www.junglee.com 和 www.jango.com。

譯註：頗堪玩味的是，這些網站似乎無法長久維持它們的獨立地位。經營 Jango 網站的 NetBot 公司已於一九九七年底被搜尋引擎公司 Excite 收購，Junglee 則在一九九八

年被亞馬遜書店收購。亞馬遜應用 Junglee 的技術，成立了一個比價購物服務網站"Shop The Web"（網址：http://shoptheweb.amazon.com/）。可想而知，"Shop The Web"並不提供亞馬遜自己販賣的商品（書籍、CD、錄影帶）的比價服務。即使有了這些購物自動程式（shopping bot），我們仍很難判定消費者最終是否受惠了。

⑨見網站 www.truste.org。

⑩譯註：作者在正文中描繪的是假想的未來網路，目前的網路技術尚未提供如此強大的能力，來讓網站掌握來訪者的使用狀況。以下簡單補述目前網站追蹤使用者的手段。

一般而言，網站所能知道的只是來訪者電腦的IP位址（一個 255.255.255.255 格式的數字），但因爲使用者上線時使用的IP位址，往往每次不同，所以網站只能知道來訪者是來自哪個ISP或公司，無從知道他的身分。爲了「彌補」這項缺憾，許多瀏覽器軟體加入了 cookie（此一名稱據說源自 fortune cookie，美國的中國餐館裡提供的籤語餅）的功能。當你瀏覽某一網站時，它可以在你的電腦裡寫入一小段資訊，此後，每當你再到這個網站時，你的瀏覽器會將這一段資訊交給網站的伺服器。這個資訊即稱爲 cookie。

如果網站寫入到你的電腦裡的 cookie 是識別碼（這是目前最普遍的用法），它就可以藉此記錄及分析你的瀏覽習慣及偏好。儘管如此，它仍無法知道你是誰。舉例來說，假設你常到某個叫做「邦尼」的購物網站，它給你一個"id=c47"的 cookie，那麼儘管它可以詳細地記錄 c47 看過哪些網頁、每次停留多久、每週造訪幾次，甚至分析出 c47 總是在下午三點來訪、非常喜歡凱蒂貓，但它仍不知道 c47 是誰。但是邦尼會製造各種機會，讓你在無意間告訴它你的身分，像是鼓勵你登記電子郵件地址，以訂閱它的《超低特價快報》。當然，如果你用信用卡在邦尼買過東西，它可以更進一步知道你的姓名、信用卡號、居住地址和電話。將這些資訊整合起來之後，邦尼可以將你的資料賣給直銷公司。因爲它提供的資料非常具體、詳細，所以邦尼的索價可以高出市面行情數倍。

儘管 cookie 具備無窮的潛力，但它有一個致命的缺陷——使用者可以拒收 cookie 或是刪除 cookie 檔。所以許多廠商提出各種方法來更有效、更精確地追蹤使用者。P3P 和 Truste 希望藉由將網站處理資訊的方法透明化，來讓使用者放心地提供更詳細的個人資料，螢火蟲護照則是以提供建議名單爲誘因。最近推出的某些產品，如微軟的 Windows 98、英特爾的 Pentium III，都內建了可追蹤的序號。如果辨識這類序號的功能廣泛地應用到網路上（目前尚未出現這類軟、硬體），則任何網站都可以毫不費力地監測來訪者的一舉一動。

當然，對隱私權的侵犯並不僅限於你所造訪的網站。譬如AOL便曾計畫出售它的訂戶名單及個人資料，由於遭到訂戶的強烈反對始作罷。又如提供免費個人網頁的GeoCities（www.geocities.com），儘管承諾會對使用者登記的資料保密，暗地裡卻將這些資訊販賣出去，因而遭到美國聯邦貿易委員會的糾正。

⑪譯註：生物測定密碼（biometric password）指以容貌、聲紋、指紋、視網膜等生理特徵來作爲驗證身分的依據，如此可以避免密碼遺失或被盜用。

規則 10

機會比效率重要

別解決問題，先尋找機會

科技製造需求，然後再滿足需求。

買進一台新力隨身聽，新生的需求其實遠大於所滿足的，

因爲你將持續，而且可能無止境地購買錄音帶及電池。

長期來看，驅動經濟的正是製造及捕捉機會的活動。

企管專家給予企業界的古董建議，是找出問題，解決它。

然而，所謂問題即是行不通的事物。

解決問題時，你是在餵養你的失敗，讓你的成功挨餓，

而只達成以昂貴代價換來的平庸。

在達爾文提出演化論之前，生物的考察都是以現在式進行。人們解剖動物來觀察它們的內部器官，分解植物來尋找神奇藥方，探查海洋生物以得知它們的奇特生活方式。生物學所關切的是有機體如何日復一日地繁衍下去。

達爾文堅持生物研究必須在數十億年演化的架構下進行，一舉改變我們對生命的理解。他證明即使我們想要知道的是如何治療豬隻的赤痢，如何為穀物育種，或是到哪兒去尋找龍蝦，我們都必須考慮生命在漫長歲月裡演化的緩慢但具有決定性的動力。

直到最近，經濟學所關切的是企業如何年復一年地暢旺下去，以及政府在下一季該採行何種政策。長期成長的動力與今年的貨幣供給應否緊縮，這兩者似乎相距遙遠。經濟學的領域還沒有達爾文，但我們越來越明白，如果未考慮長期經濟成長的緩慢但具有決定性的動力，便無法完全瞭解每天的市場行為。

長期來看，世界經濟每年平均只成長幾分之一個百分點。前幾個世紀的經濟，平均每年約成長百分之一；二十世紀則達到百分之二左右，我們目前所看到地球上的一切，大約都是在這個時期製造的。這意謂了平均來說，我們的經濟系統每年生產的物品，比前一年多百分之二。在每日商業的劇烈起伏之下，一個持續的、看不見的巨浪推動著整個經濟圈（econosphere）向前，慢慢地在地表上聚積了更多物體、更多互動與更多機會。

而且這個潮流正在加速，每年的擴張速度都會加快一些。

在文明的創造階段，地球大半是達爾文的領域——整個世界都是生物圈，而非經濟圈。現在，經濟圈則已大到超乎理解的程度。如果我們將世界上每一個國家的所有道路、鐵路、交通工具、電話線、發電廠、學校、住宅、機場、橋樑、購物中心（及其中的一切）、工廠、船塢、碼頭的修築成本加總起來——如果將地球上所有的人造機具及物體，當成是單獨一家公司擁有的資產，合併起來計算它的價值——我們就可以看出這種緩慢的成長，經過許多世紀後，累積成極爲龐大的財富。以一九九八年的幣值計，全球的基礎設施約值四千兆美元①。這是四後面加十五個零。從全無開始累積，這可不是一個小數目。

這個財富的起源是甚麼？一萬年前它們幾乎完全不存在，現在則累積到四千兆美元。這些財富從何而來？怎麼來的？單單說這是耗費了龐大的能源換取來的，並不能充分解答問題。因爲動物也耗用了大量能源，卻未產生類似的結果。經濟學家朱利安·賽門（Julian Simon）寫道：「平均來說，人類建造的會比毀滅的略微多一點，生產的會比用掉的略微多一點。」這大致是對的，但究竟是甚麼讓人類長期下來，可以逐漸地、穩定地形成如此可觀的累積？

根據生物學家史蒂芬・固爾德（Steven Jay Gould）的說法，它的推動力量是「巨大的不對稱」（the Great Asymmetry）②。這是演化過程中，所建立的會略微多於所毀滅的獨特能力。生命抗拒熵（entropy）的巨大消解力量，累積無可逆轉的進展。巨大的不對稱根植於網路，根植於緊密連結的實體，根植於自我強化的反饋，根植於共同演化，根植於生態系統中許許多多的報酬遞增迴路。因爲自然界的每個新物種都會參與創造新的生態區位，以供其他新物種棲息，因爲每種新的有機體都提供其他有機體藉它維生的機會，是故累積總合的增加速度會快過輸入的總合；也因此有了永不間斷的、單向的機會順差。

我們將人類事務中的巨大不對稱稱爲「經濟」。它同樣充滿了層層網路，促成「產出」的累積快過「投入」。所以，平均而言，它填注的速度快於流洩的速度。長期下來，這種略微偏向創造的傾向產生了一個價值四千兆美元的世界。

巨大不對稱所累積的不是金錢，不是能源，也不是物質。經濟財富是源自機會。

出自人類之手的第一個物體開啓了其他人的機會，他們可以想像這個物體的其他可能的用途或其他設計。一旦這些新設計或新用途獲得落實，這些新出現的物體又可以創造出更多機會，衍生其他新用途或新設計。一個人造物可以產生兩個以上的改良機會。這兩項改良又可以各自產生兩個新機會——現在我們有了四個可能性。四又產生八，於是機會的數目隨著時間不斷加乘。就像不斷加倍衍生的蓮葉，一小叢蓮葉可在幾代之內延伸到覆滿整個池子。

或許地球上最強大的力量是將得到的結果不斷加乘的力量，不管它是複利、複合成長、複合機會或是複合繁衍的生命。投入到經濟裡的能源及人力時間，只能以加法函數一點一點地供給，但長期下來，它產出的結果不斷自我加乘，造成驚人的巨量累積。

人類的注意力及思惟持續地投注於發明新工具、構想新娛樂及創造新需求。每項創新無論多麼微小和無足輕重，又都成爲其他創新起步的基礎。

造成經濟持續前進的，正是這種不斷擴張的機會空間。推動財富創造的，正是這種毫無限制的、開放的創新舞台。

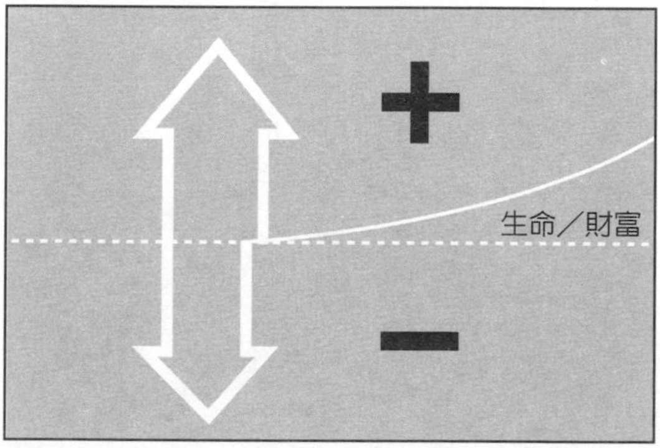

生命及財富均以加乘遞增的方式擴張，這使得它們在對抗死亡及損失時永遠略佔上風，所以長期下來可以持續成長。

就像連鎖反應一樣，一個適得其所的創新可以一路觸發成打、乃至成百的創新。

試以電子郵件為例。電子郵件是一項觸發創新與機會熱潮的最近發明。在電子郵件的使用上，每一丁點的巧妙用法，都可以孕育出好些個創新，這些創新各自又再孕育出更多的創新，如此無限循環下去。和印刷品的垃圾郵件不同，寄一封電子郵件廣告給一個人和給一百萬個人的成本幾乎完全相同——倘若你有一百萬個地址的話。如何取得一百萬個地址呢？整個網際網路上充滿了公布自己地址的無辜人們：張貼在他們的首頁頁底，附在寫給討論區的訊息裡，或是列在發表的文章上。這些資訊給了程式設計師一個機會，有人想到可以撰寫一個清道夫自動程式（scavenger bot），讓它在網際網路上漫遊，尋找包含@符號的字串。如果找到的字串是電子郵件地址，就把它挑出來，編纂成名單，然後以一千個地址二十美元的價格賣給濫寄郵件者（spammer）——那些寄發不請自來的廣告（垃圾郵件）給一大堆收件者的人。

清道夫自動程式的誕生突然又為反垃圾郵件的自動程式創造了舞台。提供網路連線服務的公司在網路上張貼一些空頭郵件地址為誘餌，一旦這些地址被清道夫程式撿出來，交給濫寄郵件者使用，他們可以根據寄到這些空頭地址的郵件，循線找出垃圾郵件的發信來源。然後他們可以擋掉從這些來源寄給他們用戶的所有郵件，藉此維持用戶的滿意和忠誠。

當然，這項創新又爲更多的創新製造機會。腦筋靈活的濫寄者又設計出可以僞造發信地址的科技，他們「挾持」別人的合法地址來寄發垃圾郵件，用過之後便逃之夭夭。

每個行動可以產生兩個反制行動，每項創新可以爲另外兩項後續的創新製造機會。

每一個被抓住的機會，至少又開發出兩個新機會。

整個全球資訊網就是一個機會的發動機。全球資訊網出現之後的第一個五年已經製造出三億兩千萬張網頁，每天還有一百五十萬張各式各樣的新網頁張貼上去。網站的數目(如今約一百萬個)每八個月增加一倍。(想到蓮花池了嗎?)一個百無聊賴的研究者在一九八九年抓住的一個機會，開啓了許多新商機的蓬勃發展。目前在擴張的不是蓮葉，而是蓮池本身。

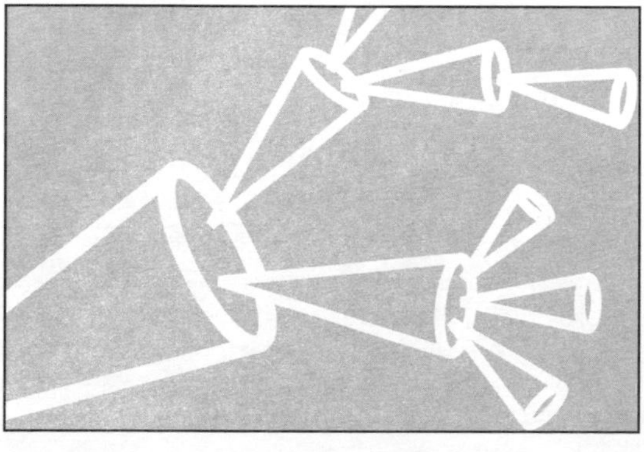

每項新發明都創造了一個可以再創造出數項新發明的空間。而這些創新，每一項又都帶來更多的機會空間。

機會的數目就像新想法的數目一樣，是無限的。它們被創造的方式，猶如字母組合成單字一般。你可以組合又再組合同樣這二十六個字母，寫出無限多本書。一開始使用的元素愈多，所有可能組合增加到天文數字的速度便愈快。研究經濟成長本質的經濟學者保羅・羅默指出，一張光碟上所有位元的可能排列方式約有十的十億次方種。每種排列方式都可以構成某一種軟體或音樂，但這數目已經大到用盡整個宇宙的全部原子，也不夠製造這麼多張光碟。即使我們扣掉所有只是隨機噪音的無效組合亦然。

我們可以重新排列的不只是位元而已。羅默提議我們想一想氧化鐵的運用。它不過是鐵鏽而已。早在一萬多年前，我們的祖先就以氧化鐵爲顏料，在洞窟的岩壁上作畫。現在，只要將同樣這些原子重新排列成塑膠片上一層極薄的氧化鐵薄膜，就可以做成磁碟片。我們可以用磁片來儲存那些岩畫的複製品，並儲存用 Photoshop 軟體對岩畫做影像處理所產生的所有可能的排列組合。我們將它的可能性放大了一百萬倍。

羅默指出，這種理念與機會所產生的複合爆炸，意味了「基本上我們根本沒有匱乏的問題需要處理」。因爲你愈是善用機會，它們愈不可能匱乏。

我們對網路經濟結構的所有知識，都顯示了網路經濟將促成機會的百花齊放。其理由如下：

■機會存在連線之中。當我們將這個世界愈來愈大的部分連成網路，我們等於在這排列組合的遊戲中加進了數十億個新元素。可能性的總數因而暴增。

■網路加快了既有的機會與創意的傳輸，它們被散播到網路及地球的每個角落，招引更多的機會建立於它們之上。

科技並非萬靈丹。科技永不可能解決社會的疾病與不義，它只能爲我們做一件事，但卻是一件驚奇的事：科技帶給我們更多的機會。

早在貝多芬尚未坐在鋼琴前面之時，或許已有音樂天分高過他兩倍的人誕生，只可惜當時世界上還沒有鍵盤樂器或管絃樂團。因爲科技與知識都仍未發掘這些機會，所以我們不可能聽到他的音樂。數個世紀後，音樂科技所完成的機會，提供貝多芬成爲偉大作曲家的機會。我們何其幸運，當梵谷作畫時，油彩已經發明，而喬治・盧卡斯（George Lucas）可以運用膠捲及電腦。今天在地球某處也有一些年輕的天才，正等候能夠完美配合他們天分的科技。如果我們夠幸運的話，他們的壽命可以長到人類的知識及科技足可創造出他們需要的機會。

油畫、鋼琴、歌劇、筆——所有這些機會都仍然存在。但除此之外，我們又加上了電影、金工、摩天大樓、超文件及全像攝影等藝術表現的新形式。每年各個領域都會增加更多的機會。觀看的方式、思考的方法、娛樂的手段、追求健康的道路、理解的途徑。

經濟生活的巨大不對稱不停地聚積新機會，但鮮少摒棄舊機會。這趟單向旅程是朝向愈來愈多的可能性、指向愈來愈多的方位、開闢愈來愈多的新領域。

科幻作家大衛‧布林在他的宣言《透明的社會》（*The Transparent Society*）裡說道：「數十年後，這個星球上將有一百億人口，精密的電腦將比電晶體收音機還便宜。如果這種組合並未導致戰爭及混亂，那麼它所造就的世界必定是無數的人們蜂擁到資訊公路，以尋找某些特殊的事情來做（某種正常範圍之外的追尋），好讓每個人都覺得自己有點獨特。透過網際網路，我們或許看到了一次大探險的開端。這是一趟探測之旅，朝向任何想像所及、令人感興趣或好奇的方向，探測我們是甚麼以及可能是甚麼的極限。」

隨著知識的傳輸速度加快，隨著更多的可能性被製造出來，累進式成長全力衝刺的推進亦將加快。長期來看，驅動經濟的正是製造及捕捉機會的活動。一個比生產力更好的基準，是衡量一家公司或一項創新所產生的可能性數目，然後以其總數來評估它進展的程度。

然而，短期來說，企業仍必須解決問題。這是我們一向教育企業界的觀念。企管專家總會說，把心力放在顧客不滿意的地方，然後提出對策。這種古董建議鼓勵企業去找出問題。然而，所謂問題即是行不通的事物，通常是目標明確但執行不力的處境，譬如「我們的產品可靠度不夠」，或是「顧客抱怨我們交貨太慢」。套用彼得．杜拉克的話：「別解決問題。」喬治．吉爾德更進一步點出精髓：「當你解決問題時，你是在餵養你的失敗，讓你的成功挨餓，而只達成以昂貴代價換來的平庸。在一個充滿競爭的全球舞台，代價昂貴的平庸會讓你的公司關門。」

「別解決問題，去追求機會。」

尋找機會不再只是關乎經濟長期發展週期的智慧。當經濟的速度加快，在網際網路上我們似乎一個月就過完了一年，長期成長的原則便開始統御日常的經濟。長期成長的動力變成短期的競爭優勢。

不論就長期或短期而言，我們解決社會問題和經濟問題的能力，主要將受限於我們抓住機會的想像力，而非提出最佳對策的能力。

製造機會所能獲得的收益，將大於改良現有的成果。

「最佳化」及「效率」觀念不會輕易棄守。在過去，更好的工具讓我們更有效率，所以經濟學家很合理地預期即將來臨的資訊時代將充溢更優異的生產力。在以往，好工具給我們的就是這個。然而令人驚訝地，電腦科技與網路迄今仍未在生產力上產生顯著的貢獻。

效率的遞增帶給我們現代經濟。當相同的勞動投入可以得到更多產出時，我們可以用更便宜的價格購得更多的商品，於是提昇了生活水準。生產力對於經濟成長是如此基本的要素，因此它成爲政府嚴密觀察及力求完美的核心經濟指標。就像經濟學者保羅．克魯曼所說的：「生產力並非一切，但長遠來說，它幾乎就是一切。」

然而在新經濟裡，生產力正是我們不應該關切的。

要衡量效率，你需要有一致的產出。但在強調少量生產、完全訂製、「個性化商品」及鼓勵創新的經濟裡，一致的產出愈來愈少見。愈來愈少東西是一致的。

而且機器已經接管了一致。它們喜歡單調且可量度的工作。效率的持續提升更使它們每一時間單位產出更多的產品。所以需要擔心生產力的，只剩下那些以軸承及橡皮管等拼裝起來的機器或機器人了。事實上，目前經濟中唯一看得出生產力提昇的，是美國及日本的製造部門。在整個一九八〇年代及一九九〇年代初，它們的生產力大約每年成長三%至五%。這正是你要尋找生產力的地方。每個工人，藉由監督機械及工具，生產出更多鉚釘、更多電池、更多球鞋，以及更多其他可以用人時爲單位來衡量的產品。效率是機器人的事。

而另一方面，機會則是人的事。機會要求彈性、探索、臆測、好奇心，及其他許多人類擅長的特質。網路藉由它反覆循環的天性，不但滋生了機會，並且順便爲人們創造了工作。

在人類最積極投入想像力的地方，我們看不到生產力的提昇——怎麼可能看得到？如果好萊塢的電影公司以相同的費用拍出時間較長的電影，它的生產力是否比拍出時間較短的電影高？然而愈來愈高比例的工作是屬於資訊、娛樂及通訊產業。在這些產業，產出的「量」多半是無意義的。

一味衡量生產力的問題，在於它僅衡量了人們可把不應該由他們做的工作做得多好。任何可以衡量生產力的工作，或許都該從人們的工作清單上刪除。

在工業時代，每個勞工的職責是想辦法將他的工作做得更好：這就是生產力。弗德列克・泰勒（Frederick Taylor）③建立了將機械性工作最佳化的科學方法，於是爲工業製程帶來革命。然而在網路經濟裡，大多數非人性的製造工作都交由機器來做，因此每個勞工要問的問題不是「我如何將這個工作做對？」而是「甚麼是該做的工作？」

當然，這個問題是非常難回答的，它一向被視爲主管階層的職責。在過去，只有最上層十分之一的勞動力需要做這類決定。如今，不僅是主管，每個人都必須決定下一件該做的事是甚麼。

在即將來臨的時代，找出下一件該做的事來做，其收穫會遠比將同一件事做得更好還要來得豐富。

但我們如何能夠輕易地衡量出探索及發現的重要性？當你測量生產力時，這些是看不見的。由於沒有別的替代指標，生產力變成了拿來唬人的妖怪。它仍繼續唬住經濟學家，因爲除此之外，他們幾乎不知道還有甚麼是可以拿一貫標準來衡量的。

當技術官僚繼續測量生產力時，他們發現雖然全球每年約投資七千億美元在電腦科技上，但近幾十年的生產力並沒有明顯的成長。全球有數百萬的企業與個人購買電腦科技來提昇工作的品質，但整體來看，傳統的衡量標準無法顯出它們帶來甚麼好處。這個出乎意料的發現稱爲「生產力吊詭」（productivity paradox）。諾貝爾經濟學獎得主羅勃・索羅（Robert Solow）便曾開玩笑說道：「你到處都看得到電腦，就是經濟統計數據中沒有。」

許多過去購買的電腦系統無疑是拙劣、管理不當及浪費的。一九九七年，那些被舊式系統拘限住的企業購買了八千台大型主機——運算能力只有工作站等級，價格卻貴如大型建築物的電腦。那一年，單僅ＩＢＭ即賣出了價值五十億美元的大型主機。這幾十億的支出並無助於效率排名。公元兩千問題更是世界規模的大挫敗，同時也將資訊科技多年累積的收益耗蝕殆盡。但根據經濟史學者保羅・大衛（Paul David）的觀察，煙囪經濟花了四十年的時間才想出如何重新配置它們的生產線，以善加利用早在一八八一年即已應用到生產線上的發電機：在轉換的前十年，生產力其實是下降的。大衛戲謔地說：「一九〇〇年時，當時的人也可以說到處都看得到發電機，『就是經濟統計數據中沒有』。」而且切換到發電機比網路科技所需的變更簡單得多。

我們目前仍處於微處理器時代的第三個十年，而生產力必會反彈。幾年之內，它就會「突然」出現在提高的百分比上。然而與克魯曼的說法恰巧相反，長遠來說，生產力幾乎甚麼也不是。原因並不是生產力不會提昇——它必然會的——而是因爲就像壓低成本的學習曲線一樣，增加的生產力是經驗嫻熟所致的。

提奧多・萊特（Theodore P. Wright）是最早觀察到學習曲線的翻轉價格作用的人，他是第一次世界大戰後傳奇性的飛機工程師。萊特記錄組裝每架飛機的時數，計算出隨著組裝的飛機總數的增加，每架所需的裝配時間會降低。組裝工人的經驗愈豐富，則生產力愈高。起初人們以爲這個現象僅限於飛機，但一九七〇年代，德州儀器（Texas Instruments）的工程師發現這個規則也適用於半導體業。自此之後，處處都發覺生產力隨著經驗而增加。據《生物經濟學》（*Bionomics*）的作者麥可・羅斯柴爾德（Michael Rothschild）指出：「證明學習曲線可降低成本的資料，已發表的涉及各項產業，包括：鋼鐵、隱形眼鏡、人壽保險、汽車、噴射引擎維修、瓶蓋、冰箱、汽油精煉、冷氣機、電視映像管、煉鋁、光纖、吸塵器、機車、蒸氣渦輪發電機、酒精、啤酒、面紙、電晶體、紙尿布、瓦斯爐、平板玻璃、長途電話、針織、割草機、航空、原油開採、排版、工廠維修及水力發電。」

當處處都可印證生產力隨經驗遞增的定律之後，我們得到另一個關鍵性的觀察：學習並不是一定要侷限在一家公司之內。經驗曲線可見於整個產業。便捷、頻繁的通訊可將經驗傳遍整個網路，讓每個人的生產經驗都能對學習有所貢獻。網路科技可以讓五家公司彷彿不是各自生產一萬件產品，而是結合起來，效果上等於一家公司生產五萬件產品，而每家公司都分享到經驗帶來的好處。由於每當經驗增加一倍時，成本可以降低二十%，網路效應更擴大了成果。網路通訊的進步、傳輸技術資料的標準通訊協定以及非正式的技術人員社群，全部都可以散播這股經驗的旋風，確保生產力穩定提高。

基金管理公司「速度資本管理」（Velocity Capital Management）的分析師安德魯・凱斯勒（Andrew Kessler）將學習曲線造成的價格滑落比擬成經濟的低氣壓峰面。就像大氣中的低氣壓可以吸入附近的氣流，價格下跌造成的低壓點可以吸引投資和創業的熱情，從而創造出更多的機會。

機會和生產力併肩合作的情形，極像物競天擇中變種及死亡的兩步驟過程。生產力在網路經濟中所扮演的主要角色是散播科技。如果一項科技進展被保留在少數人的手中，便無由引發未來的機會。生產力的提昇可降低取得知識、技術或人造物的成本，讓更多人得以擁有。當電晶體的售價高昂時，它們的數量極少，於是根據它們所創造的機會亦極少。當生產力曲線開始發生作用，電晶體最後變得如此便宜和普遍，以致人人都可由此出發探索他們的機會。當滾珠軸承所費不貲時，它們孕育的機會同樣也極其珍貴。當通訊變得極為廉價和普及的時候，它引發的機會同樣將多至無限。

網路經濟註定將成為促使生產力穩定成長的泉源。技術經驗可以迅速地分享，增加自動化的效率。然而人們需要的並不是機器穩定成長的生產力。相反地，網路經濟求之於我們的，是看似浪費的事物。

浪費時間及無效率是通往發現之路。當有人質疑 Condé Nast 的編輯總監亞歷山大·利伯曼（Alexander Liberman），他們製作《紐約客》（*The New Yorker*）、《浮華世界》（*Vanity Fair*）與《建築文摘》（*Architectural Digest*）等世界級雜誌的效率太低時，他的回答最能闡明這一點。他說：「我信仰浪費。浪費對於創造力極為重要。」科幻作家威廉·吉布森宣稱全球資訊網是全世界最浪費時間的東西。但吉布森進一步指出，這種無效率也正是它最主要的吸引力及祝福。它是藝術、新模型、新理念、次文化及許多其他事物的來源。在網路經濟裡，創新必須先在禮物經濟的無效率裡播種，稍後才能在商業的效率裡萌芽。

在全球資訊網出現之前，有一個稱為「對話」（Dialog）的系統。「對話」是相當具前瞻性的。在一九七〇及八〇年代，它是當時所能發展出來，最接近電子圖書館的事物，其中包含了世界各地的科學、學術及報導文字。唯一的問題是它的價格：每分鐘一美元。單僅找資料就會花上一大筆錢。在這種價格下，人們只會去查重要的問題，沒有閑逛，沒有漫不經心的查詢——譬如說找你的名字。浪費是不受鼓勵的。因爲搜尋是當成稀有物來賣，幾乎沒有辦法來嫻熟這項媒介，或用它來創造新奇事物。

若要熟悉全球資訊網的搜尋過程，你得浪費五十六個鐘頭——漫無頭緒地在笨拙的站台間跳來跳去，試試各種東西，犯一大堆的錯，輸入愚蠢的搜尋字串。全球資訊網鼓勵無效率，它所做的就是創造機會及忽略問題；因此它在幾週之內孵出的原創性，多過效率導向的「對話」系統自始至終所產生的——倘若它眞的曾引發任何創新的話。

盤據全球資訊網的都是二十餘歲的年輕人，因爲他們有本錢浪費五十六個鐘頭來嫻熟探索的方法。嬰兒潮時代出生的中年人，連度假都得先找出旅遊的積極意義；年輕人則從來不曾擔心是否有效率，反倒可以憑直覺而爲，在全球資訊網上創造一些看似無厘頭的新奇事物。未來便是出自這些無效率的瞎忙。

快過經濟製造我們所需物品的速度，我們正朝著每一個方向探索，追隨每一個無聊的好奇心，並且想出更多的欲望來滿足。就像網路中所有其他事物，我們的欲望也正呈等比級數增加。

儘管在某些基本層級，我們的欲望連接到我們的基本心理，而且每種欲望都可以追溯到某種原始衝動，但科技不斷爲這些欲望創造出宣洩與成形的新機會。某些深層的人類欲望只有在適當的科技出現後，才找到了表達方式。譬如，自古以來的飛行欲望。

荷蘭的國家航空公司KLM，每年銷售價值百萬美元的機票給哪兒都不去的旅客。他們搭乘還有剩餘座位的KLM國際航線班機，進行一趟立即的往返旅程：到達去程的目的地後，根本不出機場就直接再搭機回來。這類旅程就像高科技的遊弋，它的賣點是購買免稅商品及高額折扣的七三七客機機票。這欲望從何而來？科技創造出來的。

財經作家保羅‧皮爾澤（Paul Pilzer）提出他的敏銳觀察：「當店家賣給消費者一台五十美元的新力隨身聽時，他所創造的需求其實遠大於他所滿足的。在這個例子裡，消費者得要持續，而且可能無止境地購買錄音帶及電池。」科技創造需求的速度快過它滿足需求的速度。

需求既不是固定，也不是絕對的；相反地，它們是流動與反射性的。虛擬實境之父傑隆‧蘭尼爾宣稱，他發明虛擬實境系統的熱情是來自長久以來無法滿足的一種衝動：他渴望演奏「空中吉他」——只要揮灑雙臂，音樂就可以從他的動作中流洩而出。如今任何去到虛擬實境遊樂場的人，也可以滿足他的這種衝動。大多數人在未沈浸到虛擬實境之前，絕不可能知道他們有這種欲望。這絕不可能是柏拉圖會列舉出來的基本需求。

曾經有段時間，經濟學將人類需求做了很有用的區分，一類是食物、衣服之類的「基本需求」，其他的欲望及喜好則稱爲「奢侈品」。批評者指控廣告無疑是創造欲望的罪人。起初這些製造出來的欲望所追求的確是奢侈品。但科技的影響幅度極深；精緻的媒體科技原先創造的是對奢侈品的欲望，然後科技將這些奢侈品轉變成爲基本需求。

今天，配備自來水、電燈、彩色電視與抽水馬桶的乾燥房間，已被視爲最基本的、不可或缺的需求，即使是監獄的囚房也會安裝這些起碼的設備。然而在九十年前，這些科技即使不是毫無必要，也會直接被正式列爲奢侈品。在美國政府的眼中，被正式列爲貧戶的家庭九十三%擁有彩色電視機，六十%擁有錄放影機與微波爐。現在的貧窮已經不同於以往，科技知識不斷地爲生活水平加碼。目前大多數的美國人會認爲沒有冰箱和電話的日子是原始生活，而不過六十年前，它們都還是奢侈品。如今，擁有個人的汽車也被視爲任何成人的基本生存需求。

「需求」是一個意涵豐富的詞。就經濟方面而言，其關鍵點在於每一個欲望的實現（亦即每種新服務或產品），便形成了一個供人們進一步想像或期望其他可能活動的平台。舉例來說，一旦科技滿足了飛行的機會，飛行產生了新的欲望：邊飛邊吃、每天飛行去上班、飛得比聲音還快、飛到月球去、邊飛邊看電視。一旦科技滿足了邊飛邊看電視的欲望，我們永不滿足的想像力又希望能夠看自己選擇的影片，而且不要看別人看的。同樣地，科技知識可以實現這個夢想。每種想法的實現，都爲科技提供了更大的發展空間；每種新科技也爲新想法提供了更大的空間。它們彼此滋養，而且往復的頻率愈來愈快。

科技製造需求，然後再滿足需求；這個永遠擴張的迴路正是進步的來源。但這是現在才形成的觀點。在古典經濟學——磚瓦及煙囪工業的經濟學——科技是略而不提的。若要求出經濟成長，經濟學家就彙算勞動、資本和存貨等傳統經濟成分的效應。它們集合起來，構成經濟成長的方程式。任何無法用這些因子來解釋的成長，都被歸到一個剩餘的範疇：科技。於是科技被定位於經濟動力之外。它同時也被視爲是固定的量，一個不會自我改變的事物。然後在一九五七年，麻省理工學院的索羅計算出經濟成長中，科技的貢獻約佔八十%。

現在，特別是由於網路經濟的來臨，我們看到，科技並不是剩餘的，而是動力。在新秩序裡，科技將是主要推動者。

我們的心智一開始將會被經濟成長與生產力的舊規則所圈限，傾聽科技可以得到釋放。科技說，將機會擺在效率之前。對任何個人、組織或國家來說，關鍵決策不在於如何將相同的事做得更好，以提高生產力；而是如何在機會的爆炸之間穿越，並且選出正確的事去做。

關於網路經濟的好消息是，它正是人類發揮專長的絕佳機會。反覆、接續、複製及自動化全都朝向免費及高效率發展，至於與效率無關的創新、原創力及想像力，它們的價值將高高昇起。

策略

何不交給機器來做？　如果感受到必須提高勞動生產力的壓力，我們該問的嚴肅課題是：何不交給機器來做？一項工作如果單調規律到可以衡量，即表示它單調規律到可以交由機器人來做。就我來看，目前各工會所抗爭的許多工作，數個世代之後就會被視爲不人道，而經立法禁止由人來做。

探求正面的驚奇　在網路經濟裡成功致勝的品質可以化約成：勇於向未知處邁進。危機必然遍地四伏，但出乎意料的寶藏也是。即使你的嘗試十之八九會失敗，但巨大不對稱仍可確保正面的潛力將壓倒負面的。正面的好處通常會群集在一起；如果找到兩個，則必定還會招引更多。典型的正面驚奇是可以一次滿足三種欲望，並產生五項新欲望的創新。

儘量擴大機會的連鎖反應 一個機會可以引發另一個，然後再一個。這是步槍射擊式的機會迸發。但如果一個機會引發另外十個，這十個又再引發別的，這是又廣又快、連鎖反應式的爆炸。有些機會是完全往側向迸發的，第一代就加乘到數十萬之數，接著立即就乾涸了。寵物石頭④即是一例，它固然賣出了數百萬個，但然後呢？在這兒沒有形成機會的連鎖反應。判別是否可能有連鎖反應的方法是探討這個問題：別人可以根據這個機會來開發多少其他科技或商機？

註釋

①這個粗略的概估是依照全球的經濟成長率外推而得。目前全球經濟約達四十兆美元。因爲每年的經濟成長率約爲一%，我推論目前經濟的規模應爲全部現有基礎設施總值的一%。四十兆的一百倍，即是四千兆。

②譯註：出自固爾德寫的"The Great Asymmetry"一文，刊於*Science*雜誌，Vol. 279, No. 5352, pp. 812-813，一九九八年二月六日。參見網頁http://www.sciencemag.org/cgi/content/full/279/5352/812。但固爾德對「巨大不對稱」的觀點和本書作者略有不同。

③譯註：弗德列克·泰勒（一八五六—一九一五），美國發明家、工程師暨效率專家。他率先將效率的觀念導入工業製程，藉由細密、精確地研究生產過程的每個動作及時間，以期將操作技術形式化，消除不必要的動作，提高產能；如此不但可以增加資方的利潤，更可以提高勞工的工資、縮短工時、改善工作環境。當這類「科學式」的系統建立了之後，工廠不再需要技藝嫻熟的匠師，毫無技術專長的勞工也可以勝任生產工作，也因此得以促成現代化工業的快速發展。

由於他對工業管理的貢獻，泰勒被譽爲「科學式管理之父」。在《後資本主義社會》一書中，彼得·杜拉克將泰勒與達爾文、佛洛伊德並列爲「現代世界最有影響力的人物」，認爲他的影響力猶在馬克思之上。

④譯註：美國商人曾經想出這麼一種生意，讓人們掏錢出來買石頭當寵物養，讓小孩子替石頭取名字，給它一個「窩」，還提供「照顧」它的手冊。但石頭就是石頭，沒有任何衍生的意義。

Last Word

財富的邏輯

分散的無窮，以及無窮的分散

工業時代，資本集中於少數資本家。
在網路時代，資本分散成數百萬個網路化的銀行帳戶、
共同基金，和個人投資，參與者遍及整個社會，
組織的所有權則分解、散布到數千個點。
人人對別人的夢想或野心進行小額投資，
因此人人直接或間接地擁有許多公司的一小部分。
當你投資共同基金時，你投資的是其他數十萬人的工作。
你用自己的野心所產生的財富，來爲他人的富裕播下種籽。
這是網路的均富。

網路經濟將以地球上前所未見的規模釋放出機會。然而網路經濟並非烏托邦，它是經濟發展的一個獨特時期，就像是青春期——一個刺激、令人昏頭轉向，且是一生僅此一次的時刻。這是地球長久的發展歷程中，第一次完全被思惟及互動的網路所包裹。目前我們正處於光纖的外衣及衛星的光環包裹住全球，帶來細密接合的經濟文化的時刻。

這個新的全球經濟文化的特點包括了：分散式的所有權及資產，以知識而非資本為基本資源，強調開放的社會，以及最重要的，普遍地人人均根據經濟價值來決定事務。

在工業時代，資本的來源集中在少數銀行及個人「資本家」手中，如今則分散成數百萬個網路化的銀行帳戶、共同基金，以及個人投資，參與者遍及整個社會。精英、集中式的銀行曾經壟斷了資本——資本主義的原動力。銀行家將他們的資產貸出，而工業靠著這些借貸興起。但藉由增加的知識與通訊，投資者瞭解到長期來看，合夥關係（亦即投資者共同承擔風險的投資）可以產生更大的財富。科技加快了從借貸轉為投資的變動趨勢。電腦化會計的便利，使得幾乎每個人，即使資金少到只有一百美元，都可以投入證券網路。儘管近年來出現幾個全球性的超大型銀行，但如今愈來愈多的財富是以證券而非借貸的方式持有。舉例來說，目前美國家庭的資產有二十八％是有價證券，比存到銀行帳戶的還多，而且四十四％的家庭擁有股票。

網路促進這種證券文化。組織的所有權分解、散布到數千個點。對別人的夢想或野心進行小額投資的交易費用持續下跌，因此人們可以直接或間接地擁有許多公司的一小部分。當你投資共同基金時，你投資的是其他數十萬人的工作。你用你自己的野心所產生的財富，來爲他人的富裕播下種籽。你或許僅擁有某個企業微不足道的一小部分，但你可以擁有許多公司的一部分，而每家公司也是由數百萬人擁有。這是網路的均富。

一幅網路的景象從這種分散的所有權中浮現出來。在這景象裡，數百萬筆投資綿密交錯。有些人擁有大筆投資，但大多數的節點是散布在小鎮裡的小額銀行帳戶。在美國，大批股票是由一般民衆的退休基金（數百萬人的集合體）所持有，因此實際上，美國勞工集體擁有了生產手段。

這種網路的均富是由原先創造出財富的網路科技（縮小的晶片及擴大的通訊）所創造的。我們之所以能夠追蹤、核算及傳輸每個人的財富以及細碎的所有權，全是因爲運算及電子通訊科技將交易成本壓低到毫釐之數。目前美國共有七千種共同基金，等於是七千種共同分享投資收益的方式。此外還有約略等數的公司將股票公開交易，實質上等於將它們的財富分攤給許多擁有者。

這個新興的證券文化呈現出數種趨勢，每一趨勢又被廣泛散布的網路科技所放大。

第一、所有權的散布就像經濟本身一樣，變成全球性的。最近幾年，歐洲突然將數額驚人的大筆金錢投注到股票市場。歐洲人發現了證券文化，於是一夕之間將價值數千億美元的舊資產投資到所有權網路。在此同時，饑渴的投資者也將成億成兆的資金倒進亞洲及拉丁美洲「新興市場」的錢箱。如今，幾乎任何一個共同基金的投資者，不管他自己是否知道，都會持有一些國外公司的股權。

第二、隨著交易價格的滑落及交易手續的簡化，所有權的散布變得更細密而且更廣泛。愈來愈小額的資金可以投資到愈來愈多樣的事業。有些銀行跟隨孟加拉葛拉帆銀行（Grameen Bank）的榜樣，開始提供微量貸款（microloan）。這類貸款係以第三世界國家的人民爲對象，每筆金額低於一百美元，通常用於購買牛隻、綿紗，或實現成爲其他「微創業者」（microentrepreneur）的夢想。這些貸款的償還率約爲九十五%，幾乎就像購買政府公債一樣毫無風險。一如某份銀行報告所指出的：「銀行貸款給拉巴斯貧民窟的窮人，可能比貸款給玻利維亞政府本身還安全。」大型商業銀行注意到已有七十億美元貸放給遍及全球的一千三百萬人，因此開始把「微金融」（microfinance）帶進銀行業務的主流。追蹤大量快速流通的付款的費用極爲低廉，這意謂了網路科技可以加快貨幣在這類「去中心化」微金融計畫中的流通速度。我們很容易可以想像，將來會出現殖利極高的共同基金，是投資於數十萬名前途無量的第三世界微創業者。

第三、類似的股權極度分散的情形也正發生在上市公司身上。在一九九○年代，美國約有四千家公司公開上市。這些企業的資金是來自許許多多的小股東，他們透過股票集體提供了二千五百億美元給這些公司。目前，陳舊的障礙使得許多更小型的公司無法接受大衆的證券投資。其中有些障礙是工業時代遺留下來，在通訊及資訊均匱乏的環境下所加諸的限制。有些障礙，則只是投資銀行及少數人自私地爲了保障他們壟斷股票上市程序而獲得的暴利，所設下的。網路科技可以爲股票市場帶來劇烈改變，促使大衆重新評估在一個經濟資訊普遍而且立即的世界裡，股票仲介商、交易員及集中市場（如紐約證交所）究竟扮演怎樣的角色、具有怎樣的價值。安全、可靠且值得信賴的公司股票，可以藉由網路上市，而省去一大堆華爾街的傳統無聊手續。在未來，符合資格的公司可以藉由網路科技，從桌上電腦讓公司公開上市，直接向全球數十億的個人與組織籌募資金。這會比華爾街想像得到的還早發生。

第四、矽谷的薪給模式正在傳染世界愈來愈多的地方。證券文化的一個主要元素是認爲公司裡的每個人都應該能夠擁有公司的一部分。在大多數的美國高科技公司，員工的股票選擇權是必備要件。公司常以股票來延攬人才，當成紅利發放；或者在新創公司裡，用來彌補薪資的不足。提供股票選擇權給員工的公司，股票獲利能力高於未提供選擇權的（前者是十九％，後者是十一％）。

在網路經濟裡，所有權分解成無數碎片，沿著電子的路徑加快腳步，散布到勞工、創投公司、投資者、聯盟夥伴及外部人士的手裡，甚至也微量地散布給競爭者。網路培養了群體資本主義。

同時，當網路興起，中心退縮了。全球網路出現的時間正值後現代文學運動崛起。這絕非巧合。在後現代主義裡，沒有中央權威，沒有普世的教條，沒有基本倫理。後現代主義在藝術、科學及政治領域的主題，可以歸結成倍斯特（Steven Best）及柯爾納（Douglas Kellner）《後現代轉向》（*The Postmodern Turn*）書中的一句話：「後現代轉向造成的是碎裂、不穩定、無結果及不確定。」這句話同樣可用於概括網路。

網路原則擯棄了僵直、封閉結構、全面計畫、中央權威及固定價值。相反地，網路提供了多元、差異、曖昧、不完整、偶然及多重性。這些特質正適於造成混亂，適於散布網路化的組織犯罪，適於掏空社會的共享價值。

因爲網路經濟自始即埋下了失衡、碎裂、不確定、擾動，並且否定絕對價值的存在，於是意義與價值難以靠泊。我們根本不會處理無法藉由科技來回答的問題。典型的現代消費者已經成爲一個相當「稀薄」的角色，就像一個氣球：他擁有膨脹的自我及稀薄的身分認同，那層橡膠皮已經擴張到極限。他們不知道自己是誰，但他們非常確定自己是重要人物。輕輕扎一下就可以刺破他們的外表。

在這廣大的意義眞空裡，在這價値未曾言表的靜默中，在這找不到甚麼偉大的事物、高過自我的事物來護衛的時刻，科技將會塑造我們的社會——不管是好是壞。

在今日，由於價値與意義都已稀渺，科技會替我們做決定。我們將會傾聽科技，只因爲我們現代的耳朵已聽不到多少別的聲音。因爲沒有別的堅定信念，我們只好任憑科技決定方向。再也沒有其他力量如此強大，強大到足以塑造我們的未來。只要想像科技要的是甚麼，我們就可以想像得出文化的發展路徑。

科技的未來是網路。既大且廣、且深、且快的網路。各類型的電子網路將覆蓋全球，它們的複雜節點將塑造我們的經濟，爲我們的生活著色。邁向這幅前景的遷移過程既不會立即完成，也不會是毫無痛苦的。當然也不會像乍見時那麼奇怪。

我們沒有理由毫不質疑地接受科技的諭令，但同樣無疑地，科技的進展明顯地是朝向將所有事物網路化。那些遵守網路邏輯的人，以及那些理解我們正在進入一個新規則領域的人，將在新經濟中佔有強大的優勢。

新經濟的新規則

01 **一群蜜蜂比一隻螞蟻重要** 當力量逐漸遠離中心，競爭優勢屬於那些知道如何擁抱分散的控制點的人。

02 **級數比加法重要** 當人與物之間的連線數目增加時，這些連線造成的效果會呈倍數增加，所以初期的成功不會自我設限，而會自我滋長。

03 **普及比稀有重要** 當製造技術已臻完美，副本可以大量流通時，產生價值的是普及性，而非稀有性，顛覆了傳統的商業定律。

04 **免費比利潤重要** 當資源變得充裕，慷慨可以孕育財富。追求免費，提前迎接無可避免的價格滑落，而且運用唯一眞正的稀有資源：人們的注意力。

05 **網路比公司重要** 當網路吸納進所有的商業，一家公司的主要焦點從儘可能擴大公司本身的價值，轉移到儘可能擴大網路的價值。除非網路存活下來，否則公司也會跟著滅亡。

06 **造山比登山重要**　當創新的速度加快，放棄高度成功的事業或項目以避免它最終的作廢過時，遂變成最困難但最重要的任務。

07 **空間比場所重要**　當實質上的鄰近關係（場所）被不分何物、何時、何地的多重互動關係（空間）所取代，仲介者、中間人及中等利基市場的機會將大幅擴張。

08 **流動比平衡重要**　當激擾及動盪成爲商業的常態，最有用的生存策略是一種高度選擇性的持續混亂，我們稱之爲「創新」。

09 **關係比產能重要**　當無形勝過有形，軟體勝過硬體，最強而有力的科技是那些強化、放大、延伸、增加、萃取、喚起、擴充及開展各種關係類型的科技。

10 **機會比效率重要**　提昇機器的效率可以致富，但在無效率之中發掘和創造機會可以產生遠大於此的財富。

參考書目

本書目係依各書籍與新經濟的相關程度，及對新經濟的洞察程度來排列。列在前面的是我覺得最有關連的，列在後面的是可供作背景資料的。另外還有許多關於經濟及新企業的好書，但因爲只有一些觀點與本書的主題有關，所以並未列出；這些資料，有的已列在各章附註裡。書目的最後則是幾個很有用的網站，它們提供了最好、最新的資料。

Information Rules: A Strategic Guide to the Network Economy
《資訊規則——網路經濟的策略指南》，Carl Shapiro 與 Hal R. Varian 合著，Harvard Business School Press 出版，1998 年。

如果你在讀過本書的基本原則後，想再進一步探討，試試這一本。這本書是迄今爲止，關於網路經濟的最佳導論，由兩位值得信賴的經濟學者所撰寫。書中包含嚴謹的分析及許多實例。這本書偏重於高科技與線上環境，但他們的理解極爲確當，且可廣泛適用。五顆星。【譯按：*Information Rules* 的宣傳網站在 http://www.inforules.com/。】

Enterprise One to One: Tools for Competing in the Interactive Age
《一對一企業——互動時代的競爭工具》，Don Peppers 與 Martha Rogers 合著，Doubleday 出版，1997 年。

探討新經濟裡未來關係形態的優異之作。我從這本文筆極佳、充滿機智的小書中，學到各種出乎意料的事物。它提出的商業手法（如何與顧客互動）非常實際，但它在策略層次同樣也闡述了有用的經濟原則。兩位作者似乎對於掌握新經濟的展開方式，具有敏銳的直覺。

Net Gain: Expanding Markets Through Virtual Communities
《網路商機——如何經營虛擬社群》，John Hagel III 與 Arthur G. Armstrong 合著，Harvard Business School Press 出版，1997 年。中譯本，朱道凱譯，臉譜出版。

透過商業社群的觀點來看新經濟，是一本具有高度原創性及洞察力的著作。它以嚴肅的態度看待虛擬社群，將焦點從企業和顧客移往新興的網路上。雖然筆下感性洋溢，有失節制（換言之，不太經濟），卻是關於網路經濟最好的幾本書之一。強力推薦。

The Rise of the Network Society, Volume I of the Information Age

《網路社會的興起》——《資訊時代》第一卷，Manuel Castells 著，Blackwell Publishers 出版，1996 年。

探討網路科技對社會正在造成的轉變，提供了內容紮實、議論廣泛及視野寬廣的觀點。作者 Castells 是具有歐洲思惟傾向、歷史宏觀的社會學家。這本書是《資訊時代》三部曲的第一卷，書中臚列種種事例，證明一個新的全球性網路文化已來臨。此一變遷牽涉範圍之廣，反映在此書寬廣但時或難以理解的視野上。Castells 的博學與宏觀使得本書頗值一讀。

Blur: The Speed of Change in the Connected Economy

《新商業革命——模糊化時代工作聖經》，Stan Davis 與 Christopher Meyer 合著，Addison-Wesley 出版，1998 年。中譯本，黃淑慎譯，時報文化出版。

對於網路經濟之影響的進一步探討。作者列出了推翻舊秩序的三股主要力量：速度、無形化與連線（恰與我指出的全球化、無形化與連線相應和）。書中提出了許多的企業實例及更多的策略。【譯按：*Blur* 的宣傳網站在 http://www.blursight.com/。】

Unleashing the Killer App: Digital Strategies for Market Dominance

《釋出殺手級軟體——主宰市場的數位策略》，Larry Downes與Chunka Mui合著，Harvard Business School Press出版，1998年。

儘管書名容易誤導讀者，但這本書談的其實是網路經濟。此書的結論與我的類似，它甚至也有一份新規則的清單（在第77頁）。然而它的焦點在於如何實際創造新經濟的一項商業服務或產品。此書並不像*Information Rules*那麼完整和有條理，但對企業人士來說，這是一本很好的導論。【譯按：宣傳網站在 http://www.killer-apps.com/。】

Webonomics

《Webonomics：一個新名詞背後的無限商機》，Evan I. Schwartz著，Broadway Books出版，1997年。中譯本，呂錦珍、洪毓瑛合譯，天下文化出版。

Schwartz的討論主題非常明確地集中在如何建立商業網站的實際問題。他的九項網站經營原則並非完全適用於整個新經濟，但它們指向了正確的方向。如果你在經營商業網站，他的建議必定非常有用。

The Digital Estate: Strategies for Competing, Surviving, and Thriving in an Internetworked World

《數位化階級時代》，Chuck Martin 著，McGraw-Hill 出版，1996 年。中譯本，陳曉開譯，麥格羅．希爾出版。

若要感覺一下線上商業的新文化，這是一本絕佳的書。Martin 讓你從內心深處感受到在全球資訊網上，極度聰穎的表現、傑出的創新，及實驗性的商業模型，正在你「看不到」的地方發生。對於這片奇怪的新領域，他是一位極好的導遊；若要知道線上商業「發生了甚麼事」，這是最適合的書。

The Economics of Electronic Commerce

《電子商業經濟學》，Andrew B. Whinston、Dale O. Stahl 與 Soon-Yong Choi 合著，Macmillan Technical Publishing 出版，1997 年。

電子商業雖然才剛誕生，卻已經有了教科書。這是一本不錯的教科書，它的內容橫跨多個學科，涵蓋經濟、工程、金融及行銷。除了一般的參考文獻之外，作者也列出許多相關網站的位址。對於從事線上商業而言，這本教科書比企管碩士文憑管用。

The Digital Economy: Promise and Peril in the Age of

Networked Intelligence

《數位經濟——網路情報時代的允諾與災厄》，Don Tapscott 著，McGraw-Hill 出版，1996 年。

這本書以一種並非很有條理的方式，漫談某些網路經濟的新興動力。書中有許多關於新經濟商業的例子，但理論談得極少，也沒甚麼分析。整體來說，作者的長處在於指出新經濟的商業趨勢。

Electronic Commerce: A Manager's Guide

《電子商業——經理人指南》，Ravi Kalakota 與 Andrew B. Whinston 合著，Addison-Wesley 出版，1997 年。

這是那種來得正是時候、但很快就會過時的書。這裡涵括了 1997 年時關於如何經營網站電子商業，人們所知的一切。從不必寫程式的中階主管的觀點，來介紹如何建防火牆、確保交易安全，及進行電子付款等。如果作者夠聰明的話，他們必定會將這本大部頭著作更新。

The Weightless World: Strategies for Managing the Digital Economy

《無重量的世界——數位經濟的管理策略》，Diane Coyle 著，Capstone Publishing 出版，1997 年。

與大多數列在此處的書不同，本書主要是關於新經濟所帶來的影響，而非它對企業的意義。Coyle 在書中已開始處理「無重量」的資訊世界必將面對的福利、政府治理及政策制定等議題。換另一種說法，Coyle 經常從負面來考慮新經濟。這樣的質疑是迫切需要的。

Release 2.0: A Design for Living in the Digital Age
《版本 2.0——網路公民的新生活規劃》，Esther Dyson 著，Broadway Books 出版，1997 年。中譯本，李令儀、羅慧雯、許家馨合譯，大塊文化出版。

一本相當不錯的基本教材，主要針對一般人解釋網路社會與文化的社會影響。完整涵蓋隱私權、身分認同、社群與智慧財產等主題。有點像是爲讀者提供一次對這個新奇的明日世界的新生訓練。【譯按：可參考網站 http://www.edventure.com/。】

The Age of the Network: Organizing Principles for the 21st Century
《網路時代——二十一世紀的組織原則》，Jessica Lipnack 與 Jeffrey Stamps 合著，Oliver Wright Publications 出版，1994 年。

儘管此書的筆調相當「新時代」(new-agey)，但拿它來當背景資訊仍蠻有用的。它將對於日常社會網路與對於電子網路的理解結合起來，提出關於人類網路運作方法的洞見，而且它闡明了它們日漸重要的影響力。

Bionomics: Economy as Ecosystem
《生物經濟學——如同生態系的經濟》，Michael Rothschild 著，Henry Holt and Company 出版，1990 年。

從一個非常基本的譬喻（經濟行為就像生態系一樣）出發，本書以漫談的筆法，做了一番廣泛的推演、議論。埋藏在關於三葉蟲和細菌的故事裡的，是關於網路經濟的一些敏銳觀察。【譯按：宣傳網站在 http://www.Bionomics.org/text/resource/biobook.html。】

The Death of Competition: Leadership and Strategy in the Age of Business Ecosystems
《競爭之死——企業生態系時代的領導與策略》，James F. Moore 著，HarperCollins 出版，1996 年。

與網路最接近的類比是生態系。Moore 詳細而深入地探討這個生態的譬喻。他的努力或許比 *Bionomics* 更為成功。我認為這些想法是仍待探索的重要領域，而這本書是很好的起點。

The Economy as an Evolving Complex System
《經濟：一個演化的複雜系統》，Philip W. Anderson、Kenneth J. Arrow 與 David Pines 合編，Addison-

Wesley 出版，1988 年。

這是一個以生態學方法來解讀經濟的重要研討會的論文集。非常學術和專業，但同樣也非常具革命性。

Increasing Returns and Path Dependence in the Economy
《經濟中的報酬遞增與路徑依賴》，W. Brian Arthur 著，University of Michigan Press 出版，1994 年。

如果你想試試未經轉述的原始文獻，這本論文集裡的文章可以闡明報酬遞增的關鍵功能。本書由創造這個名詞的經濟學者所撰寫，其中至少有幾篇論文對一般人而言是清晰可讀的。

The Winner-Take-All Society
《贏家通吃的社會》，Robert H. Frank 與 Philip J. Cook 合著，Penguin Books 出版，1995 年。中譯本，席玉蘋譯，智庫文化出版。

因爲網路經濟裡含有贏家取走大半的成分在，這本可讀性頗高的長篇論文仍頗具啓發性。

Internet Economics
《網際網路經濟學》，Lee W. McKnight 與 Joseph P. Bailey 合編，MIT Press 出版，1997 年。

一本選擇恰當的學術論文選輯，描繪網際網路商業所引發的經濟問題。本書的內容大半將焦點集中於如何在分散環境中決定服務的價格。如何爲共用的線路、保險或偶爾使用的連結定價？如何管制交通？將來的貨幣會是何種形式？這是工程師處理經濟學的方法。

The Death of Distance: How the Communications Revolution Will Change Our Lives

《距離之死——通訊革命如何改變了我們的生活》，Frances Cairncross著，Harvard Business School Press出版，1997年。

一本舉證精確的書，但書中「全球通訊正在改變世界」的宣告已嫌薄弱和落伍。驚喜或洞見不多，但事實詳盡。

The Self-Organizing Economy

《自我組織的經濟》，Paul Krugman著，Blackwell Publishers出版，1996年。

討論去中心化、從下往上的自我組織過程，如何形成如城市之類的經濟現象。是一本內容相當專門的小書。

The Future of Money in the Information Age

《貨幣在資訊時代的未來》，James A. Dorn編，Cato Institute出版，1997年。

貨幣也是一種資訊類型，它的變化和它藉以流通的經濟一樣快速。這本書是從學術觀點來觀察貨幣及金融機構如何轉變。

Digital Money: The New Era of Internet Commerce
《數位貨幣——網際網路商業的新紀元》，Daniel Lynch 與 Leslie Lundquist 合著，John Wiley & Sons 出版，1996 年。

Lynch 是某種數位現金系統的創辦人，他在書中描繪了從流質的、無形的電子貨幣的觀點所看到的新經濟景象。貨幣在未來的形態是一個龐大、重要且未知的問題，由於篇幅有限，所以我在書中略而不提。這本書是瞭解這個議題的很好起點。

Cybercorp: The New Business Revolution
《網路企業——新企業革命》，James Martin 著，Amacon 出版，1996 年。

Martin 是一位傳奇性的通訊界宗師，他的著作超過一百本。本書充滿了新鮮的用語、驚人的洞見、過時的陳腔爛調、睿智的思慮、有趣的圖表、陳腐的說教、奇妙的統計、差勁的解釋及愉悅的熱情。他的見解通常是對的，而且他在本書中的焦點是新經濟，但讀者得要自己做篩選的工作。

The Twilight of Sovereignty
《主權的黃昏》，Walter B. Wriston 著，Charles Scribner's Sons 出版，1992 年。

已經不像它在 1992 年出版時那麼具有革命性，但這本小書對於新經濟的誕生仍有很好的論述。Wriston 特別著重於網路化資訊經濟對地緣經濟的衝擊。

Shared Minds: New Technologies of Collaborations
《共同想法——合作的新科技》，Michael Schrage 著，Random House 出版，1990 年。

雖然並非直接關於網路或網路科技，這本書討論了當你使用工具（如網路）來協調衆人心智（不管是用於工作或遊戲）時，會發生甚麼事。它對未來商業組織所著墨的，比許多專門以此爲題材的書還多。

Regional Advantage: Culture and Competition in Silicon Valley and Route 128
《區域優勢——矽谷及 128 號公路的文化與競爭》，AnnaLee Saxenian 著，Harvard University Press 出版，1994 年。

談論矽谷網路文化成功因素的絕佳著作。藉由與較古老、較不成功、較不網路化的波士頓地區高科技文化的對比，更突顯出矽谷的特色。

Innovation Explosion

《創新爆炸》，James Brian Quinn、Jordan J. Baruch 與 Karen Anne Zien 合著，The Free Press 出版，1997 年。

如果知識是新的資本，那麼創新便是新的通貨。Quinn 等人很精練地將創新置於知識經濟的核心動力的位置。他們在書中加入了軼聞、統計、條列式要點等，極具說服力地論述為何創新是網路經濟的關鍵變數。

Post-Capitalistic Society

《後資本主義社會》，Peter Drucker 著，HarperCollins 出版，1993 年。中譯本，傅振焜譯，時報文化出版。

早期所描繪的新經濟景象，但迄今猶未過時。Drucker 永遠值得一讀。

Unlimited Wealth: The Theory and Practice of Economic Alchemy

《無限財富——經濟煉金術的理論與實踐》，Paul Zane Pilzer 著，Crown Publishers 出版，1990 年。

本書採綱要式的寫法，論點有點極端。與大多數的觀察者不同，作者 Pilzer 毫不遲疑地推測科技促進經濟繁榮的方式。他的異端想法頗能一新耳目。

The Third Wave

《第三波》，Alvin Toffler著，Bantam出版，1980年。中譯本，黃明堅譯，時報文化出版。

經典之作，而且難以置信地，迄今依然切合時代，依然令人受益良多。Toffler二十年前對新經濟與新文化所做的論述，比起在它之後的大多數著作更爲可讀，也更精確。

New Ideas from Dead Economists: An Introduction to Modern Economic Thought

《作古經濟學家的新理念——現代經濟思想導論》，Todd G. Buchholz著，Penguin Books出版，1990年。

就像其他領域，經濟學中的大多數「新」理念其實一點兒也不新。這本簡潔的著作是萃取過去經濟學家思想精髓的最佳單冊書籍。本書的文字輕鬆易讀，每位網路經濟學者都應擁有一本。

The Information Economy

「資訊經濟」

〈http://www.sims.berkeley.edu/resources/infoecon/〉

這個設計清晰、涵蓋面廣泛，並且資訊最新的網站，係由 *Information Rules*（詳前）的作者之一 Hal Varian 所經營，是內容最完整的新經濟網站。網站中列出論文、進行中的研究，及數百個新經濟網站的連結。幾乎任何與資訊或網路經濟略為相關的網站，在這裡均有連結，譬如下列兩個網站。

George Gilder's Telecosm Index

「喬治・吉爾德的遠傳宇宙」

〈http://www.forbes.com/asap/gilder/〉

〈http://www.seas.upenn.edu/～gaj1/ggindex.html〉

作家 George Gilder 進行中討論新興「遠傳通訊宇宙」的宏偉著作，其中已完成的章節都儲存在這個網站。Gilder 的思想極具創意，我自己的許多規則也得歸功於他。不妨注意一下他將來出版的 *Telecosm*；在此之前，這些發表於 *Forbes* 雜誌的文章實為值得探掘的金礦。

The Economics of Networks

「網路經濟學」

〈http://raven.stern.nyu.edu/networks/site.html〉

這個站台主要探討通訊網路的經濟意涵。它主要包含網站主持人（經濟學者 Nicholas Economides）的著作，此外還有非常有用的參考書目及所有其他研究網路經濟的經濟學者的總表。

touch

16定位

Lotus 總裁眼中網路時代的企業策略

eNterprise.com

Market Leadership in the Information Age

Lotus 總裁 Jeff Papows

按圖索驥，調整企業組織與策略

李振昌⊙譯

網路時代的來臨，已經成為共識。
但迎接網路時代，絕不是光有eMail，
光有網站，光有線上交易就能奏功的。
企業組織在網路時代有16種定位，
我們應仔細檢查一下自己的定位何在，又該如何提升。

touch

版本2.0

白宮與微軟都在聆聽的數位生活主張

Release 2.0

A Design for Living in the Digital Age

網路的女性思考者 Esther Dyson

網路公民的新生活規劃

李令儀／羅慧雯／許家馨⊙譯

網路提供一個讓我們負責自己生活的機會，
也讓我們得以重新定義我們在全球社會和在地社群中的雙重公民角色。
此外，網路交給我們責任，要我們管理自己、思索自己、教育小孩、
誠實經營，並和其他網路公民一起設計我們想要的生活規則。
本書作者告訴大家，如何設計網路世界，使它更為開放，
更容易親近，成為一個更好的生存空間。

國家圖書館出版品預行編目資料

NET & TEN／凱文・凱利 (Kevin Kelly)著；趙學信譯.-- 初版-- 臺北市：大塊文化，1999
[民 88]
面；　公分.　(Touch 11)
譯自：New rules for the world economy: 10 radical strategies for a connected world

ISBN 957-8468-87-3 (平裝)

1.經濟預測

552.15　　　　88009172

116 台北市羅斯福路六段142巷20弄2-3號

廣 告 回 信
台灣北區郵政管理局登記證
北台字第10227號

大塊文化出版股份有限公司　收

地址：＿＿市／縣＿＿鄉／鎮／市／區＿＿＿路／街＿＿段＿＿巷

＿＿弄＿＿號＿＿樓

姓名：

請沿虛線撕下後對折裝訂寄回，謝謝！

大塊 LOCUS 文化

編號：TO011　書名：NET & TEN

大塊
LOCUS
文化

讀者回函卡

謝謝您購買這本書，爲了加強對您的服務，請您詳細塡寫本卡各欄，寄回大塊出版 (免附回郵) 即可不定期收到本公司最新的出版資訊，並享受我們提供的各種優待。

姓名：________________ **身分證字號**：________________

住址：________________________________

聯絡電話：(O)________________ (H)________________

出生日期：______年______月______日

學歷：1.□高中及高中以下 2.□專科與大學 3.□研究所以上

職業：1.□學生 2.□資訊業 3.□工 4.□商 5.□服務業 6.□軍警公教 7.□自由業及專業 8.□其他________

從何處得知本書：1.□逛書店 2.□報紙廣告 3.□雜誌廣告 4.□新聞報導 5.□親友介紹 6.□公車廣告 7.□廣播節目8.□書訊 9.□廣告信函 10.□其他____________

您購買過我們那些系列的書：

1.□Touch系列 2.□Mark系列 3.□Smile系列 4.□Catch系列
5.□PC Pink系列 6□tomorrow系列 7□sense系列

閱讀嗜好：

1.□財經 2.□企管 3.□心理 4.□勵志 5.□社會人文 6.□自然科學
7.□傳記 8.□音樂藝術 9.□文學 10.□保健 11.□漫畫 12.□其他_____

對我們的建議：________________________________

____

LOCUS

LOCUS

LOCUS

LOCUS